ZACK und die Sache mit Benni

Texte zu den Themen
Mobbing, echte Freunde
und mehr

Herausgegeben
von Ulrike Schuldes

Mildenberger

Wir bedanken uns bei Dr. Reiner Braun, Ravensburg, für die fachkundige Beratung.

Bestell-Nr. 540-22 ISBN 978-3-619-05422-0

www.mildenberger-verlag.de
E-Mail: info@mildenberger-verlag.de

Auflage 6 5 4 3
Jahr 2026 2025 2024 2023

Bezugsmöglichkeiten
Alle Titel des Mildenberger Verlags erhalten Sie unter: www.mildenberger-verlag.de oder im Buchhandel. Jede Buchhandlung kann alle Titel direkt über den Mildenberger Verlag beziehen. Ausnahmen kann es bei Titeln mit Lösungen geben: Hinweise hierzu finden Sie in unserem aktuellen Gesamtprogramm.

Umschlag- und Innenillustrationen: www.annabellevonsperber.de

Konzept und Lektorat: Ulrike Schuldes, 88212 Ravensburg
Lesetraining: Dr. Birgitta Reddig-Korn, Constanze Velimvassakis
Typografie & Herstellung: Julia Walch, 65812 Bad Soden
Druck und Bindung: optimal media GmbH, 17207 Röbel/Müritz
Gedruckt auf umweltfreundlichen Papieren

Inhaltsverzeichnis

Christian Tielmann

Zack und die Sache mit Benni

Mit Bildern von Annabelle von Sperber

Geboren 1971 in Wuppertal, studierte Christian Tielmann Germanistik und Philosophie in Freiburg und Hamburg. Er lebt in Köln und schreibt seit 1999 für verschiedene Verlage mit großem Erfolg Kinder- und Jugendbücher. Seine Werke wurden mehrfach ausgezeichnet und bislang in 24 Sprachen übersetzt. Lesereisen führen den Kinder- und Jugendbuchautor ganzjährig kreuz und quer durch Deutschland.

1

Keiner hätte gedacht, dass die Sache mit Benni so ausgehen würde. Wirklich keiner.
Franziska nicht.
Die Lehrer nicht.
Ich sowieso nicht.
Und Benni auch nicht.
Und dass es ausgerechnet Benni erwischen würde, hätten wir auch nie gedacht. Doch inzwischen weiß ich, dass es jedem aus unserer Klasse passieren könnte. Aber das haben bestimmt noch nicht alle kapiert.
Warum ausgerechnet Benni? Die Frage hat sich Benni auch gestellt.
„Warum ausgerechnet ich?“, hat er geschluchzt.
Im Klo war das. Im Jungsklo. Dem Drecksnest.
Aber auf die Frage gibt es keine Antwort. Höchstens: „Einfach so.“

Wir kamen nach den Sommerferien alle neu in die 5b der Kurt-Schwitters-Schule. Herr Schwitters war ein lustiger Künstler. Der ist zwar schon längst tot. Aber er hat lustige Gedichte gemacht. Meine Lehrerin an der alten

Schule hat uns auch Bilder von Schwitters gezeigt. Die hat er aus Müll zusammengezimmert. Echt irre. Ich dachte: Eine Schule, die so heißt wie er, kann ja eigentlich nur lustig und gut sein.

Ein bisschen nervös war ich natürlich vorher. Klar. Ich wusste zwar, dass Emre mit mir in eine Klasse gehen würde. Aber die anderen kannte ich alle noch nicht. Das dachte ich jedenfalls.

In unserer alten Schule waren Emre und ich immer die Mistbauer gewesen. Die Rollen waren wie überall klar verteilt. Es gab die guten Schüler. Es gab die Klassensprechertypen. Es gab die Witzbolde. Es gab die Sportler. Es gab die Heulsusen und eben die, die an allem schuld sind. Die Mistbauer. Emre und ich hatten uns

schon daran gewöhnt. Aber meine Mutter war entschieden dafür, dass wir uns in der neuen Schule eine neue Rolle zulegen sollten.
Dabei haben wir nie richtigen Mist gebaut. Wir haben nur kleinen Mist gebaut wie Furzkissen mit in den Unterricht nehmen. Oder die Kreide verstecken. Aber das hat schon gereicht.
Da war für unsere Lehrerin schon klar, wer das mit dem Pimmel gewesen sein musste.

Eines Tages hat unsere Lehrerin nämlich die Tafel aufgeklappt und da war ein riesiger Pimmel an die Tafel gemalt. Aber das waren nicht Emre und ich. Das war Franzi, das Miststück.
Hat sie aber nicht zugegeben. Sie hat geschrien: „Ich hab doch gesagt, wisch das weg, Zack!“

Zack bin ich. Und mein Kopf wurde rot. Aber nicht, weil ich daran schuld war. Mein Kopf wurde rot, weil da der riesige Pimmel an der Tafel war und weil mich alle anstarrten.
„Du musst gar nichts sagen, Zacharias!“, hat die Lehrerin geknurrt. Dann hat sie mir den Schwamm zugeworfen. „Wegwischen! Heute Nachmittag Elterngespräch!“
Ich habe den Mega-Ärger gekriegt. Ich habe tausendmal gesagt, dass ich es nicht war. Da habe ich noch mehr Ärger gekriegt. Irgendwann hab ich dann gesagt: „Also gut, ich gebe alles zu. Ich war es.“ Und leise hinzugefügt: „Aber ich war es nicht.“
Franzi, das Miststück, hat sich heimlich gefreut. Doch ich konnte ihr nichts nachweisen. Keiner hat mir damals geglaubt. Nicht mal meine Eltern. Nur Emre.

Kurzfassung

Nach den Ferien kommt Zack in die neue 5b. In seiner alten Schule sind er und sein Freund Emre immer die Mistbauer gewesen. Aber einmal hat Franzi, das Miststück, ihn bei der Lehrerin angeschwärzt. Damals hat nur Emre an seine Unschuld geglaubt.

2

Als Emre und ich in die neue Klasse marschiert sind, war ich froh, dass die neuen Lehrer uns noch nicht kannten. Neue Schule, neues Leben. Und das hieß? Emre und ich durften nebeneinandersitzen.

„Wir dürfen keinen Mist mehr bauen“, habe ich zu Emre gesagt.

„Natürlich nicht“, sagte Emre und guckte sehr wichtig und ernst.

„Sonst setzen die Lehrer uns gleich wieder auseinander“, sagte ich.

„Und das wäre blöd, weil wir dann keinen Mist mehr bauen könnten“, sagte Emre. Dann überlegte er kurz, legte den Kopf schief und sagte: „Wozu sitzen wir dann überhaupt nebeneinander?“

„Na, weil wir Freunde sind!“, sagte ich.

„Ach ja, stimmt ja“, sagte Emre und grinste.

Aber dann versteinerte sein Gesicht regelrecht. Er deutete nach vorne. Die anderen Schüler strömten in die Klasse. Ich kannte keinen von ihnen. Doch auf einmal sah ich sie. Die eine, die ich doch schon kannte: Franzi. Sie lächelte wie ein Engel in die Runde. Und sie setzte sich an den zweiten Tisch an der Fensterseite. Von da aus musterte sie

die ganze Klasse. Sie entdeckte auch Emre und mich.
Sie grinste. Ich grinste nicht.
Was für ein Schock. Das größte Miststück der alten Schule saß in meiner neuen Klasse.
Und dann kam Benni. Er betrat das Klassenzimmer und guckte etwas unsicher herum, wie wir alle. Hatte Franzi etwa bemerkt, dass er kurz unsicher war? Oder war es sein gelber Pulli? Seine Brille? Die Art, die Schuhe zuzuknoten? Ich weiß es nicht.
In den ersten Tagen war Franzi vor allem zu den Mädchen sehr nett. Aber auch lustig zu den Jungs. Um mich und Emre schien sie einen Bogen zu machen und Benni ließ sie auch in Ruhe. Wir hatten alle den Kopf voll mit neuen Schulregeln, neuen Lehrerinnen und ein paar strengen Lehrern. Wir mussten das komplizierteste Schulgebäude der Welt kennenlernen. Ich habe mich zweimal richtig verlaufen.
Und ich machte in der Pause den Fehler, auf das kleine Stinkeklo in der Pausenhalle zu gehen. So was hab ich noch nie gerochen. Aber ich musste echt dringend. Als ich wieder rauskam, war ich wohl grün im Gesicht. Denn ich wurde von einer lachenden Meute Jugendlicher empfangen.
Ich habe in diesen ersten Tagen nicht mitgekriegt, wie Franzi das angestellt hat. Jedenfalls war sie schon

nach zwei Wochen die beliebteste Schülerin der Klasse. Sie scharte fünf Mädchen um sich und wurde sogar zur Klassensprecherin gewählt. Mit neunzehn von achtundzwanzig Stimmen. Meine war nicht dabei. Ob die von Benni dabei war, weiß ich nicht. Freddy, der Sportler, wurde als Stellvertreter gewählt. Dem habe ich meine Stimme gegeben. Freddy schien kein Blödmann zu sein. Das dachte ich zumindest. Franzi und Freddy standen dann auf und nahmen die Wahl an.

Und Franzi sagte: „Ich hoffe, dass ich auch für die, die mich nicht gewählt haben, eine gute Sprecherin sein werde.“
„Das hoffe ich auch!“, hat der Lehrer gesagt und ein bisschen gegrinst.

Kurzfassung

Mit Schrecken stellt Zack fest, dass auch Franzi in seiner neuen Klasse ist. Anfangs ist sie ganz nett zu ihren neuen Mitschülern. Sie wird sogar zur Klassensprecherin gewählt.

3

Ich glaube, an diesem Tag fing alles an. Ich glaube, das war der Anfang von Bennis Horrortrip. Denn schon in der nächsten Pause hörte ich Franzi über Benni lästern.
„Was für Klamotten der anhat!“
Bald stiegen ihre fünf neuen Freundinnen ein.
Sie kicherten. Sie lachten. Sie verdrehten die Augen, wenn Benni in die Nähe kam.

Ich fand das albern und kümmerte mich nicht darum.
Ich musste sowieso Emre helfen. Der hatte sich mit ein paar Jungs aus der Siebten angelegt. Es ging um Fußball oder Motorräder oder beides. Jedenfalls hatte Emre wie immer eine große Klappe. Die Siebtklässler wollten ihm eine verpassen. Ich warf mich dazwischen. Und kassierte gleich mal eine Ohrfeige.
„Ich hab dir doch gar nichts getan!“, protestierte ich.
„Aber an den Dicken bin ich nicht drangekommen!“, schimpfte der Siebtklässler.
„Nenn mich nicht dick, du Hosenscheißer!“, blökte Emre.
Da wurden es noch mehr Siebtklässler. Es war, als hätte Emre seinen Finger in ein Wespennest gesteckt und einmal umgerührt. Wir waren im Nu umringt. Und es dauerte nicht lange, bis Emre und ich von einer Seite des Kreises zur anderen geschubst wurden.
Aber plötzlich hörten wir eine strenge Stimme:
„Aufhören!“
Alle Köpfe drehten sich um. Da stand Franzi. Mit ihren fünf Soldatinnen. Die Mädchen zogen uns aus dem Kreis.
Franzi sagte freundlich, aber bestimmt zu den Siebtklässlern: „Der gehört zu mir. Also aufpassen!“
Die Siebtklässler musterten Franzi vom Kopf bis zu den Fußspitzen. „Meinst du, wir haben Angst vor dir?“

Franzi grinste. Aber dann wurde sie plötzlich ernst. „Emre geht in meine Klasse. Und wenn ihr ein Problem mit ihm habt, dann wendet euch einfach an mich. Ich regle das."
Sie sagte das so überzeugend, dass die Siebtklässler mit einer wegwerfenden Handbewegung davongingen.
Ich war echt baff. In der Grundschule hatte Franzi Emre und mich noch gehasst und gejagt. Sie hatte mich reingeritten mit ihrem Tafelbild. Und sie hatte mich mit Absicht hängenlassen. Und auf einmal sollten wir dazugehören? Zu ihrem Club?
„Du gehörst jetzt zu meinen Leuten, Emre!", hat Franzi gesagt.
Ich fand das echt nett von ihr und hoffte, dass sie als Nächstes zu mir schauen würde. So hübsch, wie sie war. Und dass sie sagen würde: „Und du auch, Zack." Aber das hat sie nicht gesagt. Denn bevor Franzi irgendwas sagen konnte, baute Emre schon wieder Mist.
Er sah Franzi in die Augen und sagte dann: „Ich hab dich nicht drum gebeten, mir zu helfen, Franzi. Also schulde ich dir nichts. Und ich bin auch nicht in deinem Fanclub!"
In Franzis Augen blitzte es gefährlich auf. Doch dann lächelte sie nur. Sie drehte sich um und ließ uns stehen. Ihre fünf Eselinnen trabten artig hinter ihr her.

Mir lief ein eiskalter Schauer den Rücken runter. Emre und ich, wir durften uns auf keinen Fall mit Franzi anlegen.

„Was sollte das denn?“, fuhr ich Emre an. „Franzi hat dir doch gerade aus der Patsche geholfen!“

Emre lehnte sich mit dem Rücken an die graue Betonwand der Schule. „Kennst du die blöde Kuh immer noch nicht?“ Er spuckte auf den Boden. „Sie reicht dir die Hand und reißt dir dann den Arm aus.“

Kurzfassung

Bei einem Streit auf dem Pausenhof setzt sich Franzi für Zack und Emre ein. Doch Emre will nicht zu ihrem Fanclub gehören. Er warnt Zack vor Franzi, der falschen Schlange.

4

Der verstimmte Schulgong rief uns zurück ins Schulgebäude.
Ich rechnete mit allem, als wir den Klassenraum betraten.
Ich rechnete mit Reißzwecken auf meinem Stuhl.
Oder mit einem Kaugummi unter meiner Schultasche.
Aber da war nichts.
Franzi hatte keine Augen für Emre und mich. Sie schien sich ganz auf einen anderen Jungen zu konzentrieren.
Einen, der genau vor ihr saß. Einen, der einen gelben Pullover trug und eine Brille auf der Nase hatte: Benni.
Sie stieß ihre Nachbarin in die Rippen, flüsterte etwas und dann ging das Gekicher wieder los.
Auch im Unterricht ließ sie nicht von Benni ab. Benni meldete sich. Da flüsterte Franzi ihm etwas von hinten zu, bis er den Arm wieder runternahm. Und als er trotzdem drankam, stöhnte irgendwer in Franzis Ecke auf. „Oje, Benni ist dran! Der Schwachkopf spricht!“
Die Lehrer taten so, als würden sie das nicht hören. Nur unser Politik-Heinz mit dem Vollbart, der knurrte: „Wer war das? Hier kann jeder seine Meinung frei äußern!“
Aber dann hat auch er weitergemacht.
In der folgenden Woche gelang es Franzi, ihren Club

sogar noch zu vergrößern. Irgendwie schienen immer mehr Leute Spaß daran zu haben, Benni zu quälen. Und als Benni am Montag das Klassenzimmer betrat, sprangen plötzlich drei von Franzis Leuten hoch und rissen die Fenster auf.

„Merkst du eigentlich nicht, dass du stinkst, Benni?“, rief irgendwer.

Dabei war das völliger Quatsch.

Benni stank nicht. Er war genauso gewaschen wie wir alle. Aber das sagte ich nicht. Ich war nur froh, dass ich nicht an Bennis Stelle war.

Auch die meisten Jungs, allen voran unser sportlicher Klassensprecher Freddy, begannen in den nächsten Tagen über Benni zu lachen. Freddy verdrehte die Augen, wenn Benni auftauchte.

Emre und ich hielten uns raus. Okay, einmal musste ich auch lachen. Das war an einem Donnerstag in Deutsch. Wir sollten vorlesen. „Schönes Lesen schöner Texte mit schöner Betonung“, sagte der Schwafel-Müller. Also betonten wir, sprachen besonders schön und versuchten flüssig zu lesen. Jeder sollte nach vorne kommen und vorlesen. Und zwar einen Text von diesem Kurt Schwitters. „An Anna Blume“ heißt das Gedicht. Es ist ganz lustig, weil der immer „Ich

liebe dir“ statt „Ich liebe dich“ sagt. Die Stimmung in der Klasse war also ziemlich locker. Aber dann kam Benni an die Reihe. Plötzlich wurden alle stumm. Benni trat nach vorne. Er hatte einen knallroten Kopf und er schwitzte. Dann stotterte er mit piepsend leiser Stimme:

„An-an Anna-na. Plume.“

„Ananas Plumpsklo?“, rief Franzi dazwischen.

Alle lachten. Ich auch.

Der Schwafel-Müller sah kurz und streng zu Franzi rüber. Aber dann musste sogar er grinsen. Er ließ es Benni gleich noch einmal probieren. Aber bei dem Gestotter und

Gestammel konnte keiner was verstehen. Schließlich stand Benni nur noch da und schwieg.
„Na, das üben wir aber noch mal zu Hause vor dem Spiegel!“, sagte der Schwafel-Müller und dann durfte Benni sich endlich wieder setzen.
Das hätte er mal lieber nicht gesagt, der Schwafel-Müller. Denn dieser Spruch, der blieb bei Franzi und ihren Leuten hängen. Auf dem Flur stolperte Benni prompt über irgendein gestelltes Bein. Und jemand aus der Franzi-Bande rief: „Na, das mit dem Gehen üben wir aber noch mal zu Hause vor dem Spiegel!“
Als Benni am Montag darauf das Klassenzimmer betrat, drehten sich fast alle um und Franzi murmelte: „Das mit dem Anziehen üben wir aber noch mal zu Hause vor dem Spiegel.“
Benni tat mir leid. Aber was sollte ich tun?

Kurzfassung

Franzi und ihre Leute haben es auf Benni abgesehen. Sie lachen über ihn und seine Klamotten und stellen ihm ein Bein. Zack tut Benni leid, aber er weiß nicht, was er tun soll.

5

Manchmal werden Sachen ganz normal. Auch wenn sie nicht normal sind. Bei Benni war das genauso. Alle regten sich über ihn auf. Alle machten sich über ihn lustig. Beim Sport wurde Benni nicht in die Mannschaften gewählt. Es war eine Art Wettbewerb. Sie überboten sich darin, wer die besten Benni-Witze reißen konnte. Und natürlich spielten sie dieses Spiel nicht nur in der Schule. Auf dem Heimweg ging es per Handy weiter. Plötzlich war sogar ich in dieser Gruppe, die Nachrichten über Benni bekam.
„Wie kann man nur so dämlich gehen?"
„Wie kann man nur so armselig sein?"
„Warum ist der an unserer Schule?"

Ich glaube, es war Lore, die Benni die ganzen Nachrichten zeigte. Ich weiß nicht, warum Lore das gemacht hat. Sie hat sich eigentlich auch aus allem rausgehalten.
Benni schluckte dicke Tränen runter, als er die Sachen über sich las. Dann rannte er nach Hause.

Am nächsten Tag fehlte Benni in der Schule. Franzi lächelte in die Runde, als er nicht kam. „Ein Tag frei!“ Dann klatschte sie sich mit ihren fünf Freundinnen ab. Etwas schweigsamer wurde sie, als in der zweiten Stunde plötzlich der Schulleiter in unserer Klasse erschien. Er holte zuerst nur Franzi zu sich ins Büro. Aber schon nach fünf Minuten kam Franzi zurück. Sie grinste fett. Und sie zwinkerte ihren Freundinnen zu.
Danach knöpfte sich der Schulleiter fünf von Franzis

Freundinnen vor. Immer eine nach der anderen. Sie mussten einzeln zu ihm kommen. Doch bei ihnen war es genau dasselbe. Sie kamen schon nach ein paar Minuten in die Klasse zurück und grinsten fett.
In der Pause haben wir dann alle erfahren, was los war. Franzi hat es stolz erzählt. Keine von ihnen hätte irgendwas zugegeben. Sie hätten alle behauptet, dass niemand Benni ärgert. Dass er sich das nur ausgedacht hat. Dass Benni sich nur wichtigmacht.
„Benni ärgert mich immer“, hat Franzi angeblich gesagt. „Ich wünschte, er würde weiter vorne sitzen, damit die Lehrer ihn besser im Blick haben.“
Das war unglaublich dreist von Franzi. Aber ihre Freundinnen fanden es lustig. Und die anderen fanden Franzi mutig, weil sie den Schulleiter ausgetrickst hatte. Und Benni sowieso.
Ich weiß es noch genau. Es war vor der Pausenhalle. Weil es ein bisschen regnete, drängten sich alle unter das Vordach. Emre und ich standen etwas abseits.
Franzi sah immer rüber zur Aufsicht. Aber die war weit weg. Und so prahlte sie mit ihrer Heldengeschichte.
„Wir halten zusammen, Leute!“, hat Franzi gesagt. „Von Benni lassen wir uns nicht auf der Nase herumtanzen!“
Da haben ihre Freundinnen hämisch gelacht.

„Ja, der ist doch nur neidisch“, hat eine gesagt.
„Weil er selber keine Freunde hat“, meinte eine zweite.
„Soll er sich eben besser benehmen“, meinte eine andere.
„Und waschen!“, hat Freddy gerufen und dann haben wieder alle gegrölt.
Aber auf einmal wurde es still in diesem Kreis. Und ich hörte Franzi todernst sagen: „Benni will die Lehrer auf uns hetzen! Das können wir uns von so einem nicht bieten lassen. Ab jetzt kann Benni echt was erleben.“
Eiskalt klang ihre Stimme. Und ich war froh, dass Benni das nicht hören konnte. Es klang wirklich gefährlich.
Für einen Augenblick waren alle still. Niemand sagte etwas gegen Franzi. Im Gegenteil, schon bald wurden die ersten Vorschläge diskutiert. Benni sollte leiden.

Kurzfassung

Und dann fehlt Benni im Unterricht.
Der Schulleiter holt Franzi und ihre Leute zu sich ins Büro. Aber die Mädchen behaupten, dass keiner von ihnen Benni geärgert hat. Auf dem Schulhof wird Franzi wütend. „Benni will die Lehrer auf uns hetzen!“, sagt sie. „Der kann was erleben!“

6

Der Politik-Heinz hat uns die Sache mit dem Kieselstein erklärt. Kieselsteine kennt jeder. Aber dann sagt einer: „Diese Kieselsteine, diese Kieselsteine, die werden immer mehr! Die gibt es auf einmal überall, die verdammten Kieselsteine.“ Dann fängt man selbst an, immer mehr Kieselsteine überall zu sehen. Und schon kommt es einem vor, als würden es wirklich immer mehr werden. Dabei ist das Quatsch. Wir sehen nur mehr Kieselsteine, weil wir darauf achten.

Ich glaube, so ähnlich war das auch mit Benni. Franzi hat gesagt, dass Benni nicht ordentlich gehen kann. Und schon haben alle darauf geachtet, wie oft Benni stolpert. Dabei stolpert er nicht häufiger als andere. Benni wird nur ständig ein Bein gestellt. Aber so ging es in einem fort. Benni kann dies nicht, Benni kann das nicht. Benni stinkt. Benni schielt. Benni nervt. Und sobald Benni auch nur das kleinste Missgeschick passierte, riefen alle: „Typisch!“

Franzi hat es echt geschafft, dass Benni ganz vorne sitzen musste. Der Schulleiter hat unserem Klassenlehrer gesagt, dass Franzi von Benni geärgert würde. Und der Idiot hat auf ihn gehört. Als Benni also wieder zur Schule kam, kriegte er einen nagelneuen Einzelplatz. Ganz vorne. Direkt vor dem Lehrerpult. Einen Tisch nur für Benni. Als wäre er ein Mistbauer wie Emre und ich.

Aber das reichte Franzi noch nicht. Sie wollte Benni noch mehr quälen. Also war Bennis Fahrrad jeden Tag platt, wenn er losfahren wollte. Schließlich gab er es auf und kam zu Fuß zur Schule. Seine Sportsachen, die er immer an seinen Haken hängte, waren vor jeder Sportstunde verschwunden.

Der Sportlehrer wurde beim zweiten Mal schon etwas ungeduldig. „Was ist denn jetzt wieder, Benni?“, fragte er. Benni stand in Socken und in Jeans in der Turnhalle. Keiner sagte etwas.

Benni zuckte mit den Schultern. Er sah auf den Boden und nuschelte: „Die anderen haben meine Sportsachen geklaut.“

„Wer hat Bennis Sportsachen gesehen?“, fragte der Sportlehrer etwas genervt.

Schweigen. Ich hatte keine Ahnung, wo Bennis Sportsachen waren. Aber ich wusste, wer dahintersteckte.

Der Sportlehrer sah selbst etwas unsicher in die Runde. Da rastete Benni plötzlich aus. Er rannte zu Franzi hinüber und brüllte sie an: „Hör endlich auf mit der Scheiße! Und rück meine Sportsachen raus!“
Franzi saß nur da. Dann wedelte sie sich mit der Hand vor der Nase herum und sagte: „Mann, Benni, du hast übelsten Mundgeruch!“
Und als die Ersten murrten, dass sie jetzt aber Basketball spielen wollten, begann der Lehrer einfach mit seinem Unterricht. Benni musste auf der Bank sitzen. Sein Sportzeug bekam er erst nach der Sportstunde wieder. Freddy warf es ihm in der Klasse zu. „Lag auf dem Schulhof.“
Benni sagte nichts mehr dazu.

Kurzfassung

Franzi und ihre Gang quälen Benni in einem fort. Sie stellen ihm dauernd ein Bein und lassen die Luft aus seinem Fahrradreifen. Als sein Turnbeutel verschwunden ist, platzt Benni schließlich der Kragen. Er schreit Franzi an. Doch das lässt sie kalt.

7

In Erdkunde war es dasselbe. Bennis Atlas fehlte immer. Er lag nicht im Schrank. Er war nicht unter seiner Bank. Und nicht in seiner Schultasche.
Als die Lehrerin fragte, warum Benni denn seinen Atlas nicht hätte, zuckte er nur mit den Schultern und sagte: „Fragen Sie Franzi oder einen von den anderen Arschlöchern."
Da war die Erdkundelehrerin sauer und schimpfte mit Benni. „Also, das ist ja wohl eine Frechheit, Benni! Erst hast du deine Schulsachen nicht in Ordnung. Dann sollen die anderen schuld daran sein. Und dann kommen auch noch solche Beleidigungen!" Sie wurde rot im Gesicht. Das kannten wir alle noch nicht von ihr. Aber die Erdkundetante, die konnte sich in ihre Wut richtig reinsteigern. Ich dachte, dass sie Benni gleich eine ballert. Aber das hat sie nicht getan. Sie hat ihn nur angepflaumt. „Die nächsten zehn Minuten gehst du vor die Tür und denkst nach, wo dein Atlas sein könnte! Und dann entschuldigst du dich bei der ganzen Klasse für deine Schimpfwörter! Ist ja kein Wunder, dass du ein Außenseiter bist."
Benni ging mit hängendem Kopf auf die Tür zu.

Da meldete sich Lore. „Benni kann meinen Atlas haben“, sagte sie. „Ich kann bei Ida mit reinschauen.“
Doch das wollte die Lehrerin nicht hören. „Das ist sehr nett von dir, Lore. Aber Benni geht jetzt erst mal auf den Flur. Und wenn er danach immer noch nicht weiß, wo sein Zeug ist, dann kann er ja deinen Atlas benutzen.“
Ich war viel zu verdutzt, um etwas dagegen zu sagen. Aber dass da gerade was schieflief, das war nicht zu übersehen.
In den nächsten Tagen dachte ich nicht mehr an dieses bescheuerte Benni-Spiel. Der erste Vokabeltest in Englisch stand an. Alle hatten gelernt. Nur ich wieder mal nicht so richtig. Und diese Tests wurden auch noch benotet. Dabei hab ich schon mal eine Fünf kassiert. Meine Mutter war in heller Aufregung, als ich damals mit dem Test nach Hause kam. Seitdem quält sie mich in jeder freien Minute mit Englisch. Sogar morgens beim Frühstück. Deshalb ging ich immer früher aus dem Haus. So konnte ich ihren Nachhilfeminuten entkommen.
Ich war also etwas früher dran als sonst. In unserer Schule gibt es einen alten Brunnen. Der ist schon seit Jahrzehnten abgeschaltet und inzwischen sogar bepflanzt. An dem Brunnen kann man ganz gut rumhängen. Da saß ich also und wartete auf Emre, als ich plötzlich Benni und Lore

hörte. Die beiden hockten ein Stückchen weiter, hatten mich aber nicht gesehen.
„Ich weiß nicht. Ich könnte sie abknallen. Oder vor den Bus schubsen. Dann hätte ich endlich Ruhe!“, sagte Benni.
Und das sagte er verdammt ernst. Ich warf einen Blick rüber zu den beiden.
„Im Gefängnis ist es auch nicht gemütlich“, sagte Lore trocken.
Ich kannte Lore nicht richtig. Aber sie schien irgendwie ein cooles Mädchen zu sein.
„Dann wechsel ich eben die Schule“, sagte Benni matt.
Lore schwieg.

„Aber meine Eltern wollen das nicht. Die andere Schule ist viel weiter weg. Und alles.“
Das war der Augenblick. Mein Augenblick. Denn in diesem Augenblick stellte ich mir vor, was passieren würde, wenn Benni nicht mehr da wäre. Franzi würde jubeln. Einen Tag lang. Und dann? Wäre dann etwa Ruhe? Garantiert nicht. Franzi gab niemals Ruhe. Sie würde sich ihr nächstes Opfer suchen. Mich und meine Turnschuhe? Oder Lore und ihre Locken? Eine Lehrerin? Einen Lehrer? Den Schulleiter? Irgendwen würde Franzi schon finden, um ihn fertigzumachen.
Dann stellte ich mir vor, was passieren würde, wenn Benni die Schule nicht verließ. Würde er dann eines Tages Franzi vor den Bus schubsen? Würde Benni im Knast landen? Oder würde er sich vom Dach der Schule stürzen? Dann lieber die Schule wechseln. Andererseits …

Kurzfassung

Sogar die Lehrer schimpfen mit Benni. Obwohl er nichts getan hat. Auf dem Pausenhof spricht Benni mit Lore. Er ist unglücklich und würde am liebsten die Schule wechseln. Aber Zack weiß, dann würde Franzi sich nur das nächste Opfer suchen.

8

Ich stand auf und ging zu Lore und Benni.
„Das will sie doch nur erreichen", sagte ich. „Und wenn du weg bist, ist der Nächste dran."
„Ist mir doch egal." Benni ließ den Kopf hängen. „Hauptsache, nicht mehr ich."
„Genau das habe ich auch gedacht", gab ich zu. „Aber das bringt nichts."
Benni sah mir in die Augen. Er musterte mich. „Was willst du, Zack?"
„Dir helfen", sagte ich.
„Du kannst mir nicht helfen", sagte Benni traurig. „Keiner kann sie stoppen."
Aber nun stand auch Lore auf. „Das wäre doch gelacht!"
„Wo gibt's was zu lachen?", fragte da Emre, der gerade zu uns kam. „Hallo, Benni! Na, hast du endlich Franzis Fresse poliert?"
„Ha-ha!", sagte Benni.
„Bis später", sagte ich und zog mit Emre weiter. „Benni braucht keine blöden Sprüche. Er braucht unsere Hilfe."
„Au ja, dann polieren eben wir Franzis Fresse!", sagte Emre. „Cool! Aber dann fliegen wir von der Schule. Dafür wird Franzi schon sorgen."

„Franzi allein ist halb so wild. Die ist doch nur stark durch ihre Bande“, überlegte ich. „Also brauchen wir auch eine Bande. Wir brauchen eine Anti-Franzi-Bande. Eine Gang, die ihrer Gang entgegentreten kann.“
Emre grinste zufrieden und ballte die Fäuste. „Also kann ich doch bald wieder Mädchen verkloppen?“
Ich schüttelte den Kopf, obwohl ich genauso viel Lust auf eine Keilerei hatte wie Emre. „Auf keinen Fall, Emre! Wir müssen vorsichtig sein.“ Ich sah mich nach allen Seiten um. „Überleg doch mal! Wer wird immer erwischt?“

Emre nickte. „Zuerst du. Dann ich.“
„Und wer kriegt garantiert den Ärger, wenn Franzi ein blaues Auge hat?“
„Wir.“
„Oder sogar Benni“, sagte ich.
„Also sind wir jetzt Bennis Kumpels?“, fragte Emre.
„Keine Ahnung“, antwortete ich. „Aber wenn Franzi noch mal Mist baut, werde ich was dagegen tun.“
Emre sah mich an, als er sich neben mich setzte. „Zack?“
„Ja?“
„Ich glaub, wir werden nicht mehr lange nebeneinander-sitzen.“
„Wieso nicht?“, fragte ich.
Emre grinste. „Och, das ist nur so ein Gefühl. So ein Mistbau-Gefühl. Aber unter uns: Mist bauen ist manchmal echt prima.“

Kurzfassung

Zack und Emre beschließen, Benni zu helfen.
Doch mit Gewalt können sie wenig ausrichten.
Sie wollen ja nicht von der Schule fliegen.
Sie müssen es schlauer angehen. Sie brauchen eine Anti-Franzi-Bande.

9

Es war schwierig, etwas gegen Franzi zu unternehmen. Ich wusste nicht so recht, was wir tun konnten. Bennis Eltern hatten es schon beim Schulleiter versucht. Und die Lehrer schienen sich auch nicht für den Fall zu interessieren. Klar war nur eins: Benni durfte sich nicht mehr allein in der Schule aufhalten.
An den Sporttagen bewachten Emre und ich sein Sportzeug. Und tatsächlich erwischten wir Freddy, den Klassensprecher. Er wollte sich, als Benni in die Pause gegangen war, seinen Sportbeutel vom Haken angeln.
„Lass den mal hängen, Dicker“, sagte Emre und hielt Freddys Arm fest.
„Lass mich los!“, fauchte Freddy.
„Erst wenn du Bennis Sportsachen loslässt!“, fauchte Emre zurück.
„Bist du jetzt Bennis Leibwächter oder was?“
„Wir können auch den Sport-Fritz dazuholen“, sagte ich.
„Ach, sieh an, Zack die Oberpetze ist auch dabei!“, knurrte Freddy. Aber dann ließ er doch die Sportsachen von Benni fallen.
Emre und ich sahen uns an, als Freddy in die Pausenhalle lief. „Das gibt Ärger“, sagte ich.

Emre grinste. „Yes!“ Irgendwie schienen ihm die paar Wochen, die wir uns nun ordentlich benommen hatten, echt zu reichen. Ein bisschen Ärger mit Franzi und ihren Leuten kamen Emre wohl gerade recht.
Aber wir bekamen keinen Ärger mit Franzi. In der Pause hatten wir unsere Ruhe vor ihr. Und Benni sahen wir auch nicht. Dass etwas nicht stimmte, merkten wir erst, als Benni nicht zum Sportunterricht erschien.
„Wo steckt Benni schon wieder?“, fragte der Sportlehrer.

Keiner wusste was.
„Ich geh ihn suchen“, sagte ich.
„Nein, du bleibst hier“, sagte der Sport-Fritz. „Es reicht, wenn ein Schüler unentschuldigt fehlt.“
„Bin gleich wieder da!“ Ich trabte einfach aus der Halle. Emre kam natürlich mit. „Jetzt kriegen wir nicht nur mit Franzi Ärger, sondern auch mit dem Sport-Fritz“, sagte er.
„Wir machen eben das, was wir am besten können“, sagte ich.
Wir sahen uns kurz an und grinsten. „Mist bauen!“
Auf dem Stinkeklo haben wir Benni dann gefunden.
Die Schweine hatten ihn eingesperrt. Die Kabine war von außen verrammelt. Und als wäre das nicht schon genug, hatten die Idioten den Abfluss auch noch mit einer Rolle Klopapier verstopft. Irgendjemand hatte draufgeschifft und dann die Spültaste mit Klebeband festgeklebt.
Das Becken war längst vollgelaufen und der Boden patschnass.
„Ach du Scheiße!“, sagte Emre.
„Zum Glück nur Wasser und Pisse“, sagte ich und ging durch die Pfütze, um Benni zu befreien, während Emre den Kleber von der Spülung abzog.
Benni saß mit hochgezogenen Beinen auf der Kloschüssel und heulte.

„Warum ich? Was hat sie gegen mich? Was hab ich ihr getan?“
Auf diese Fragen gab es einfach keine Antwort. Und schon gar nicht zu diesem Zeitpunkt.
„Wir müssen sofort zum Sport!“
„Ich hab doch eh keine Sportsachen mehr“, sagte Benni matt.

„Oh doch!“, sagte Emre. „Die hängen an deinem Haken. Dafür haben wir gesorgt. Also los!“

Wir wollten gerade das Klo verlassen, als der Hausmeister auftauchte.

„Was zum Henker ist denn hier passiert?“, polterte er los.

„Wir waren das nicht!“, sagte Emre.

Emre ist ein echter Schuldsengel. Es gibt Unschuldsengel. Die gucken so unschuldig wie ein Engel. Aber Emre schafft es regelmäßig, so schuldig aus der Wäsche zu gucken wie das glatte Gegenteil.

Der Hausmeister glaubte uns natürlich kein Wort und schleppte uns drei direkt zum Schulleiter.

Kurzfassung

Als Benni während der Sportstunde plötzlich verschwunden ist, suchen Zack und Emre ihn. Benni wurde im Klo eingesperrt und der Abfluss verstopft – eine echte Sauerei. Der Hausmeister bringt die drei zum Schulleiter.

10

„Ich habe die drei hier gerade bei Randale auf dem Jungsklo erwischt!“, sagte der Hausmeister.
Der Schulleiter saß hinter seinem großen Schreibtisch.
Er legte seine Brille weg und stand wortlos auf. „Du bist Benni, oder?“
Er musterte mich und Emre. „Zack und Emre, stimmt’s? Vor euch hat man mich schon gewarnt. Na, dann lasst mal sehen!“
Wir marschierten zurück zum Klo.
„Also eigentlich haben wir gerade Sport“, sagte ich.
„Aber Benni war nicht da. Und Franzi und ihre Leute haben ihn auf dem Klo eingesperrt. Wir haben Benni nur geholfen. Und wir haben das Klo nicht verstopft, verdammt!“ Ich schimpfte, weil das alles so ungerecht war.
Der Schulleiter hörte sich meine Schimpferei an.
Dann sah er die Sauerei im Klo.
„Wer macht das jetzt weg?“, fragte er uns.
Wir zuckten mit den Schultern.
Emre schlug vor: „Der, der das Klo verstopft hat.“
Der Schulleiter sah uns ernst in die Augen. „Und wer war das?“

Emre und ich sahen zu Benni. Wenn einer wusste, wer es gewesen war, dann doch Benni. Aber Benni biss sich auf die Lippen.
„Sag was, Benni! Wer war's?", drängte ich. „Wer hat dich im Klo eingesperrt? Wer hat das Pissbecken verstopft? Und wer hat die Spültaste festgeklebt?"
Aber Benni sagte nichts. Er stand nur da. Der Hausmeister und der Schulleiter sahen sich ungeduldig an.

„Na, wird's bald?"
Da sagte Benni schließlich: „Ich war's selbst. Ich kann das auch alles sauber machen."

„Benni! Das stimmt doch gar nicht!“, widersprach ich ihm.
Aber der Hausmeister nickte zufrieden. Er reichte Benni einen Lappen, Gummihandschuhe und einen Eimer.
„Wenigstens einer von euch hat genug Mumm in den Knochen, um die Wahrheit zu sagen!“
Der Schulleiter musterte Emre und mich. Diesen Gesichtsausdruck kannte ich von Lehrern. Er glaubte, dass wir das waren. Ich war total sauer. Das war doch der Gipfel der Ungerechtigkeit!
Aber ehe ich das laut sagen konnte, kommandierte der Schulleiter mich und Emre schon zurück in sein Büro.
Ich dachte an unsere Sportstunde. Ich mag Sport. Aber das würde wohl nichts mehr werden an diesem Tag.
Kaum war die Bürotür hinter uns in Schloss gefallen, nahm unser Schulleiter hinter seinem großen Schreibtisch Platz. Dann schimpfte er auf uns ein: „Ihr zwei Spezialisten! Dann seid ihr das also, die Benni das Leben hier in der Schule so schwer machen? Das könnt ihr aber vergessen! Ich werde euch im Auge behalten!“
Emre und ich standen völlig entsetzt vor dem breiten Schreibtisch. Was war das denn für eine Nummer?
„Bennis Mutter war schon vor Wochen bei mir, weil Benni gemobbt wird. Ich suche noch immer die Rädelsführer. Erst dachte ich ja, dass ein paar Mädchen dahinterstecken.

Aber so, wie es aussieht, habe ich die Verantwortlichen ja gerade gefunden!“ Er musterte uns abschätzig. „Ich verwarne euch! Heute habt ihr noch mal Glück gehabt, weil Benni sich anscheinend nicht traut, gegen euch auszusagen. Aber sobald es auch nur einen einzigen Zeugen gibt, werde ich eure Eltern einschalten!“

Emre schüttelte den Kopf. Er kochte vor Wut. Noch bevor ich ihn bremsen konnte, schrie Emre unseren Schulleiter an: „Scheiße, Mann! Sie haben doch überhaupt nichts kapiert!“

„Emre!“, mahnte ich ihn.
Aber es war schon zu spät.
Dem Schulleiter standen die Haare zu Berge. Er fuhr aus seinem Sessel hoch. „Schluss mit den Frechheiten!“, fauchte er uns über den Schreibtisch an. „Ihr geht sofort in eure Klasse. Ich spreche mit eurem Klassenlehrer. Und dass ich eure Eltern informiere, ist ja wohl klar! Wenn du dich nicht bis heute Mittag schriftlich bei mir entschuldigst, Emre, werde ich dich einen Tag von der Schule ausschließen!“
„Ist doch wahr …“, grummelte Emre, aber ich trat ihm kräftig auf den Fuß. Hier war nichts mehr zu holen. Wir hatten es versaut. Was auch immer wir sagen würden, keiner würde uns glauben. Und unser Schulleiter schon gleich dreimal nicht. Unser alter Ruf als Mistbauer hatte uns längst eingeholt.

Kurzfassung

Benni traut sich nicht zu sagen, wer ihn im Klo eingesperrt hat. Der Schulleiter vermutet, dass Zack und Emre dafür verantwortlich sind. Emre rastet aus und schreit den Schulleiter an. Das könnte schlimme Folgen haben …

11

„Benni zu helfen war die größte Scheißidee, die wir je hatten“, sagte Emre, als wir ein paar grauenvolle Stunden später das Schulhaus verließen.
Jetzt war es passiert: Emre und ich durften nicht mehr nebeneinander sitzen. Mein neuer Platz war neben Lore. Das fand ich ja noch ganz okay. Aber nicht okay fand ich, dass ich nun immer Franzis blödes Mistgesicht sehen würde. Denn Franzi saß genau gegenüber auf der anderen Seite der Klasse. Emre war in die letzte Reihe verbannt. Und Benni saß noch immer ganz allein direkt vor dem Lehrerpult. Wir hatten ihm kein Stück geholfen.
Ich kickte einen Stein vom Weg.
„Benni ist ein Feigling“, sagte Emre.
Ich wusste nicht, was ich dazu sagen sollte. Zu Hause wartete Ärger. Sicher ein Riesenärger. Und garantiert bekam Emre für die nächsten Wochen Hausverbot von meiner Mutter, weil er ja auch dabei gewesen war. Klar, ich war irgendwie sauer auf Benni. Andererseits: Benni hatte eben Angst. Der hatte einfach Angst vor Franzi. Und wenn wir jetzt aufhören würden, ihm zu helfen, dann hätte Franzi gewonnen.
„Ich denk nicht dran, Benni im Stich zu lassen“, sagte ich.

„Aber Benni hat uns voll hängen lassen“, schimpfte Emre. „Er hätte doch sagen können, dass wir es nicht waren.“
„Es geht nicht nur um Benni. Es geht auch um Franzi“, knurrte ich. Aber dann kamen wir zu unserem Haus, und da stand schon meine Mutter oben im Fenster.
„Das sieht nicht gut für dich aus“, murmelte Emre.
Nein. Es sah wirklich nicht gut aus. Das Gesicht meiner Mutter. Übel sah es aus. Schwer enttäuscht. Und stinksauer.
Schimpfen.

Meckern.

Motzen.

Maulen.

Anschreien.

Zetern.

Zurechtweisen.

Ermahnen.

Niederbrüllen.

Zusammenstauchen.

Es gibt so viele Wörter für das, was meine Mutter tat.
Aber nur eins für das andere. Für das, was sie jetzt besser getan hätte.
Zuhören.
Doch auf die Idee, mir zuzuhören, kam meine Mutter nicht. Sie war so enttäuscht. Sie war so sauer. Sie wollte

nicht, dass ihr Sohn schon wieder … Und natürlich war in ihren Augen Emre an allem schuld.

„Aber Mama …“, versuchte ich es ihr zu erklären.

Doch das konnte ich vergessen. „Kein ABER!“, fuhr sie mich an.
Ich hielt die Klappe und ließ alles über mich ergehen.
Emre sollte sich bloß nicht mehr bei uns blicken lassen, meinte meine Mutter. Und ich sollte Hausaufgaben machen. Und die würde sie kontrollieren. Und dann noch Vokabeln abfragen. Das Wochenende würde ich mit ihr und Papa verbringen. Jedenfalls ohne Emre.
Na super. Das hieß „Mensch ärgere dich nicht“ spielen, bis ich vor Langeweile tot vom Stuhl fiel.
Ich fiel aber nicht vom Stuhl. Nicht tot. Und nicht lebendig. Ich überlebte dieses Wochenende. Emre auch. Franzi sowieso und Benni auch. Also ging es am Montag weiter. Sozusagen in die nächste Runde.
Emre hatte keine Lust mehr, Benni zu retten. Aber ich wollte nicht einfach aufgeben.

Kurzfassung

Zack und Benni dürfen zur Strafe nicht mehr nebeneinandersitzen. Bei Zack zu Hause gibt es einen Riesenärger. Aber aufgeben will Zack nicht. Er will Benni helfen.

12

Ich setzte mich artig auf meinen Platz neben Lore.
„Fand ich supermutig von dir und Emre“, flüsterte Lore.
„Was?“
„Die Sache am Freitag“, sagte Lore.
„Hat aber nichts gebracht“, sagte ich leise.
Doch dann kam der Mathe-Män und wir mussten die Klappe halten.
In der kleinen Pause zwischen Mathe und Erdkunde lief Benni aufs Klo. Franzi nickte Freddy zu. Daraufhin rannten Freddy und zwei seiner Kumpel direkt hinter Benni her. Franzi flüsterte Ariana etwas ins Ohr. Dann lehnte sie sich zurück und grinste.
Ich gab Emre ein Zeichen. Einer von uns musste Benni im Blick behalten. Der andere Franzi.
Emre verdrehte zwar die Augen. Immerhin bequemte er sich dazu, seinen Hintern vom Stuhl zu heben, und trabte hinter Benni her in Richtung Klo.
Ich hatte den richtigen Riecher gehabt. Ariana schnappte sich prompt Bennis Atlas und den Bastelkleber und strich Seite für Seite mit dem Kleister ein.
„Hör auf damit!“, fuhr ich sie an.
Aber Ariana lachte nur. „Und warum?“

„Weil es Bennis Atlas ist!“

„Na, genau darum ist es ja so lustig!“, sagte Ariana.

Ich nahm ihr den Kleister und den Atlas weg. Für einen Augenblick stand Ariana nur stumm da. Sie sah etwas unsicher zu Franzi hinüber. Franzi musterte mich kühl. Sie gab zwei weiteren Mädchen ein Zeichen. Plötzlich wurde ich von hinten gepackt. Sie drehten mir den Arm auf den Rücken, bis ich die Sachen fallen ließ. „Da haben wir ja schon den nächsten Benni!“, posaunte Franzi in die Runde. Dann schnappte sie sich meinen Rucksack. Sie öffnete alle Reißverschlüsse und lief zum Mülleimer. Sie hielt den Rucksack über den Eimer und drehte ihn um. Alles fiel in den Müll. Franzi spuckte darauf und schmiss den leeren Rucksack quer durch die Klasse.

Ariana hatte den Atlas inzwischen fertig bearbeitet, zugeklappt und in Bennis Tasche gesteckt.
Es ging rasend schnell. Als Benni und Emre zurück in die Klasse kamen, war die ganze Aktion längst vorbei.
Nur ich stand noch am Mülleimer und fischte meine Schulsachen einzeln heraus. Es war ekelhaft.
Franzi grinste. Ich konnte kaum hinsehen. Ich wäre am liebsten zu ihr rübergelaufen und hätte sie selbst in den Müll gesteckt. Emre fragte noch: „War was?"
Ich nickte. Mehr ging nicht, denn dann kam unsere Erdkundetante. Ich angelte mein Federmäppchen zwischen den angebissenen Äpfeln heraus und schleppte mich zu meinem Platz.
„Sag es! Sag es den Lehrern", flüsterte Lore.
Aber die Erdkundetante befahl, dass wir den Atlas aufschlagen sollten. „Die große Europakarte auf Seite 23."
Franzis Leute schlugen ihre Atlanten auf und sahen zu Benni vor. Auch ich sah nach vorne zu seinem Platz.
Benni bekam seinen Atlas nicht auf.
Das bemerkte auch die Erdkundetante. „Was ist denn nun schon wieder, Benni?", fragte sie misstrauisch.
„Jemand hat meinen Atlas zugeklebt", sagte Benni.
Die Erdkundetante seufzte. „Oh Benni, warum hältst du deine Sachen denn nicht in Ordnung? Das ist ein Schulatlas!

Und der ist pfleglich zu behandeln!“, schimpfte sie los.
„Aber ich war das nicht!“, erwiderte Benni leise.
„Jaja, das waren wieder mal die anderen“, maulte die Erdkundetante. „Und wer soll es diesmal gewesen sein?“

Kurzfassung

Diesmal haben sich Franzi und ihre Leute etwas besonders Gemeines für Benni ausgedacht:
Sie kleben die Seiten seines Atlas’ zusammen, während er auf der Toilette ist. Zack will einschreiten. Aber sie werfen Zacks Schulsachen in den Müll. Die Lehrerin ist wütend auf Benni. Sie glaubt, dass er nicht gut auf seine Sachen aufpasst.

13

Ich meldete mich.
„Du warst das, Zack? Schon wieder?“, fragte die Erdkundetante scharf.
„Nein, aber ich habe gesehen, wer es war“, sagte ich. Um mich herum hörte ich wütendes Zischen. Franzi fuhr sich

mit dem Zeigefinger über die Kehle, als würde sie mir die am liebsten gleich durchschneiden. Ich wurde für einen Augenblick unsicher. Was würde Franzi mit mir machen? Aber plötzlich hörte ich Lore neben mir sagen: „Es war Ariana.“

Die Erdkundetante war ziemlich erstaunt. Mir hätte sie nicht geglaubt. Schließlich war ich ja der Mistbauer. Aber bei Lore war es etwas anderes.

„Und wo wir schon dabei sind: Zack hat versucht es zu verhindern. Dafür hat Franzi seine Sachen in den Mülleimer gekippt“, fügte Lore mutig hinzu.
Der Erdkundetante schien nichts davon hören zu wollen. Sie wollte lieber ihren Unterricht machen. Und dieses Problem nicht am Hals haben. Aber jetzt war es eben da. Das Problem. Und sie musste sich darum kümmern.
Also machte sie es wie im Kindergarten. Jeder von uns durfte etwas dazu sagen.
„Wo war denn Benni, als das passiert ist?“, fragte die Lehrerin.
„Auf dem Klo“, erwiderte Benni.
„Das kann ich bezeugen!“, sagte Emre.
„Wolltest du ihn etwa wieder einsperren?“, fragte die Erdkundetante.
Benni sagte nichts. Emre wurde wieder sauer. Aber ich gab ihm ein Zeichen, dass er ruhig bleiben sollte.
Also schwieg Emre.
„Franzi, was sagst du zu den Vorwürfen?“, fragte die Erdkundetante.
„Das ist alles Blödsinn“, sagte Franzi und setzte ihr Unschuldsengelsgesicht auf.
„Und du, Ariana?“, fragte die Erdkundetante.
Ariana schüttelte den Kopf. „Ich hab nichts gemacht!“

Die Lehrerin raufte sich die Haare. „Gut. Oder schlecht. So kriegen wir das nicht geklärt. Wir machen jetzt erst mal Unterricht und dann …“
Aber da platzte Emre wieder mal der Kragen. Er stand auf und rief: „Nein! Wir klären das jetzt. Ein für alle Mal.“
„Setz dich hin, Emre!“, fuhr die Erdkundetante ihn an.
„Ich denk nicht dran! Ich will jetzt sofort über Franzi und die Sache mit Benni reden.“
Ich stand auch auf. Und Lore auch. Und dann noch zwei Mädchen und Ruben, von dem ich das echt nicht gedacht hätte. Benni sah vor sich auf den Tisch. Er hatte ein knallrotes Gesicht.
Die Erdkundetante fing an zu schimpfen, wir sollten uns setzen, sonst würde sie den Schulleiter holen.
„Prima Idee!“, rief ich. „Genau den brauchen wir. Und zwar am besten sofort.“

Kurzfassung

Lore ist mutig. Sie berichtet der Lehrerin, was vorgefallen ist. Doch Franzi leugnet, dass sie den Atlas beschädigt haben. Die Lehrerin will den Schulleiter holen.

14

Da ist die Erdkundetante rausgerannt, um den Chef zu holen. Kaum war sie draußen, ist Franzi aufgesprungen.
„Du wirst gefälligst die Klappe halten!“, fuhr sie mich an.
„Nein, ich werde die Wahrheit sagen, Franzi!“, hielt ich dagegen. „Benni hat dir nichts getan. Gar nichts! Und wenn es nicht Benni wäre, dann wäre es Ariana oder Freddy oder ich, den du quälen würdest!“
Franzi fauchte: „Wenn du uns verpfeifst, wirst du leiden, Zack! Dafür bist du genau der Richtige! Du kriegst doch nichts auf die Reihe. Du liest wie ein Stotterer. Da lachen ja die Hühner. Und wie du aussiehst …!“
Franzi begann übertrieben loszuprusten.
Aber jetzt war es Lore, die plötzlich schrie: „Halt endlich deine verdammte Lästerfresse!“
In genau diesem Augenblick kam der Schulleiter herein. Er sah sehr erstaunt zu Lore. Er sah mich. Er sah Emre. Wie wir alle dastanden mit unseren roten Köpfen. Er sah Franzi, die sich rasch hinsetzte. Und er sah Benni, der in sich zusammengesackt auf seinem Stuhl hockte.
„Es reicht“, sagte er. „Ich möchte jeden aus dieser Klasse hören. Einzeln. Bei mir im Büro. Jeden Schüler und jede

Schülerin. Und ich will die Wahrheit hören." Benni winkte er als Ersten zu sich. „Du machst den Anfang. Und dann in alphabetischer Reihenfolge."
28 Schüler x 5 Minuten = 140 Minuten. Es dauerte ziemlich lange, diese Gespräche zu führen, aber das war unserem Schulleiter völlig egal. Wir durften nicht in die Pause. Auch in der Mathestunde und in Deutsch kam alle fünf Minuten ein Schüler vom Schulleiter zurück.

Dafür musste dann der nächste raus. Und keiner von denen, die zurückkamen, grinste. Nicht einmal Franzi.
Weil ich Zacharias mit Nachnamen heiße, war ich mal wieder der Letzte. Ich sagte ihm die Wahrheit. Und der Chef hörte echt zu. Endlich mal jemand, der zuhörte. Richtig zuhörte. Er wartete nicht nur auf Wörter. Er wollte nicht zu allem selbst etwas sagen. Er hörte einfach zu und wollte verstehen, was ich sagte. Er stellte sich vor, was ich erzählte, das konnte ich spüren. Er fragte nur einmal nach: „Und wie war das mit der Klogeschichte von letzter Woche?“
Da konnte ich ihm auch nur das sagen, was ich erlebt hatte. Wer es genau gewesen war, wusste ich nicht.

Kurzfassung

Franzi verlangt, dass Zack die Klappe halten soll.
Aber Zack will die Wahrheit sagen.
Der Schulleiter lässt alle Schüler zu sich ins Büro kommen. Und er hört Zack zu, der ihm alles erzählt.

15

Ich bin ja kein Fan von Schule. Und von den meisten Lehrern auch nicht. Aber unser Chef, der ist in Ordnung. Der hat sich bei mir entschuldigt. Er meinte, er hätte mich zu Unrecht verdächtigt. Und er wollte bei meinen Eltern anrufen, um das klarzustellen. Das fand ich richtig gut. Hätte ich nicht gedacht. Und dann sagte er noch, dass er mich mutig fände. Und dass ich Bennis bester Freund sei.

Das war wohl etwas übertrieben, aber ich hab ihm nicht widersprochen.
Franzi hat dann echt Druck gekriegt. Der Schulleiter hat ihr eine Strafpredigt verpasst. Ihre Eltern sollten am Nachmittag zu ihm kommen. Und er drohte sogar eine Klassenkonferenz an, falls Franzi Benni nicht sofort in Ruhe lassen würde. Außerdem musste sie mit Benni den Platz tauschen. Jetzt sitzt sie ganz vorne. Direkt vor der Nase der Lehrer.
In der zweiten großen Pause hat sie natürlich sofort versucht, ihre Leute auf mich und Emre und Lore zu hetzen. Aber das klappte nicht mehr. Die Lehrer haben aufgepasst. Und vor allem – wir standen fest zusammen, Benni mitten unter uns. Außerdem machten Franzis Leute nicht mehr mit. Freddy ist ausgestiegen und seine beiden Kumpel auch. Die hörten plötzlich nicht mehr auf Franzi, weil sie Angst vor den Lehrern hatten. Von den Kampfmädchen waren am Ende auch keine mehr auf Franzis Seite.
Das Beste war die Klassensprechernachwahl. Das war Lores Idee gewesen. Sie ist manchmal echt pfiffig. In der letzten Stunde hat sie zu unserem Klassenlehrer gesagt, dass wir uns ja alle noch nicht gut kannten, als wir die Klassensprecher gewählt haben.

„Und nach allem, was passiert ist, kann Franzi ja nicht mehr für uns sprechen“, fügte sie hinzu.
Unser Klassenlehrer nickte. „Verstehe.“
Dann ließ er abstimmen, wer für Neuwahlen war. Das war natürlich die Mehrheit.
„Freddy kann uns auch nicht vertreten“, sagte Emre. „Der hat doch bei dem ganzen Mist mitgemacht!“
Freddy wollte etwas sagen. Aber dann hielt er doch die Klappe.
Also haben wir beide neu gewählt. Den Klassensprecher und den Stellvertreter.

Emre hat Benni vorgeschlagen. Benni hat das zwar gefreut, aber er hat gesagt: „Nee, das mach ich nicht."
Am Ende haben wir dann Lore gewählt. Und irgendein Spaßvogel hat plötzlich meinen Namen als Stellvertreter an die Tafel geschrieben. Dahinter kamen dann die Striche. Es wurden mehr und mehr. Ich dachte, ich sehe nicht richtig. Ich bin doch ein Mistbauer. Und Mistbauer werden niemals Klassensprecher!
Aber die haben mich echt gewählt. Lore und mich. Wir sind jetzt Klassensprecher. Und ich baue nur noch Mist, wenn es wirklich sein muss.
Dass Benni saugut im Sport ist, haben wir alle gemerkt, als er endlich in die Mannschaften gewählt wurde.
Bald sind Weihnachtsferien und es kann sich keiner mehr vorstellen, dass Benni mal ein Außenseiter war. Er ist echt in Ordnung. Er hat sich auch bei Emre und mir entschuldigt wegen der Klogeschichte. Und er hat sich tausendmal bei uns und bei Lore bedankt.
Der Hammer nach der Klassensprecherwahl waren aber meine Eltern. Die haben sich an dem Abend, als ich ihnen alles erzählt habe, die Augen gerieben. Erst wollten sie es mir nicht glauben. Aber dann hat der Schulleiter echt noch angerufen. Und er hat gesagt, dass ich richtig mutig sei. Und Emre und Lore auch und wir hätten uns in einer

schwierigen Situation echt gut verhalten. Die haben ziemlich lange gelabert.
Mama und Papa sind dann mit mir essen gegangen. Pommes, zur Feier des Klassensprechers.
Papa hat gefragt: „Was ist denn dieser Benni für einer?“
Ich zuckte mit den Schultern. „Benni? Der ist ganz normal.“
Da haben die beiden mich angesehen. Und nichts mehr gesagt. Erst dachte ich: Verflixt, warum sagen die nichts? Keiner hat geschimpft. Keiner war ungeduldig.

Die saßen nur da und guckten. Da habe ich kapiert: Die haben darauf gewartet, dass ich noch mehr erzähle. Meine Eltern wollten zuhören.
Mir zuhören.

Kurzfassung

Der Schulleiter entschuldigt sich bei Zack. Er hat ihn zu Unrecht beschuldigt. Und Franzi bekommt richtig Ärger. Sie versucht in der Pause ihre Leute auf Zack zu hetzen. Aber es gehorcht ihr keiner mehr. Der Schulleiter spricht mit Zacks Eltern über Zacks mutiges Verhalten. Zack und Lore werden zu neuen Klassensprechern gewählt.

Texte zu den Themen
Mobbing, echte Freunde
und mehr

0192
© Fernandez / Distr. Bulls
ALS TORPFOSTEN DURFTE NORMAN ENDLICH MAL MITSPIELEN.
gegen-den-strich.com

Mobbing

Substantiv, n

Worttrennung:
Mob·bing

Aussprache (Internationales Phonetisches Alphabet):
[ˈmɔbɪŋ]

	Singular	Plural
Nominativ	das Mobbing	–
Genitiv	des Mobbings	–
Dativ	dem Mobbing	–
Akkusativ	das Mobbing	–

Bedeutungen:
[1] Psychoterror mit dem Ziel, den Betroffenen zur Aufgabe seines Arbeitsplatzes zu bewegen

[2] ständige Schikane, Quälerei und Verletzung eines Kollegen (Schule, Arbeitsplatz, Verein, ...)

[3] gemeinsamer Angriff mehrerer Tiere gegen einen überlegenen Feind

Herkunft:
zu englisch *mob* „jemanden anpöbeln, angreifen, über jemanden herfallen“

Synonyme:
[1, 2] Mobben
[2] Bullying, Hänseln
[3] Hassen

Gegenwörter:
[1, 2] Hilfe

Oberbegriffe:
[1] Psychoterror
[1, 2] Gewalt

Unterbegriffe:
[1] Intrige, Schikane

Beispiele:
[1] „Der frühere Spitzenläufer sprach von *Mobbing* und persönlicher Abrechnung."
[2] „Aggressives Verhalten und *Mobbing* gegenüber anderen Klassenkolleginnen seien keine Seltenheit mehr."
[2] „Aufgrund des *Mobbings*, dem Laura Leonore von Schülern und Lehrern gleichermaßen ausgesetzt war, wurde sie immer verschlossener und eigenbrötlerischer."

Charakteristische Wortkombinationen:
[1] Mobbing am Arbeitsplatz, Mobbing in der Schule

Wortbildungen:
Cybermobbing, Mobbingberatung, Mobbingintervention, Mobbingprävention, Mobbingtagebuch

Mobbing ist nicht dein Schicksal – du kannst etwas dagegen tun!

Wann spricht man von Mobbing?

Von Mobbing spricht man, wenn eine Person über einen längeren Zeitraum von mehreren anderen immer wieder schikaniert wird. Wer also ein- oder zweimal geärgert, geschubst oder ausgeschlossen wird, wird noch nicht gemobbt. Erst wenn erkennbar wird, dass sich andere auf ihn eingeschossen haben und dass diese Gemeinheiten systematisch passieren, spricht man von Mobbing.

Woran erkennt man Mobbing?

In einer Mobbingsituation herrscht immer ein Ungleichgewicht. Bei einem Konflikt stehen sich zwei gleich starke Parteien gegenüber und versuchen, sich zu überzeugen oder sich durchzusetzen. Wer gemobbt wird, steht alleine mehreren anderen gegenüber und hat keine Möglichkeit, alleine aus dieser Situation herauszukommen.

Wie wird gemobbt?

Mobbing kann verschiedene Formen haben. Es können körperliche Attacken sein (anrempeln, Bein stellen, verprügeln) oder Angriffe auf die Seele (ausgrenzen, lächerlich machen, Lügen verbreiten). Manchmal werden gezielt Dinge zerstört (Schulsachen, Sportzeug) oder es kommt zu Kampagnen im Netz, bei denen peinliche Fotos und Filme oder Gerüchte verbreitet werden („Cybermobbing“).

Wer wird gemobbt?

Gemobbt werden kann grundsätzlich jede/jeder. Es gibt keine typischen Opfer. Mobber suchen sich Mitschüler aus, die anders sind als die meisten anderen und damit nicht selbstbewusst umgehen. Das können Kinder sein, die sich anders anziehen, andere Musik hören, dicker, dünner oder ruhiger sind. Auch wer gerade eine schwere Zeit durchmacht und verletzlich ist, kann zum Opfer werden.

Wer mobbt?

Mobber sind in der Regel Kinder oder Jugendliche, die Gruppen gut einschätzen können und genau wissen, wer wozu bereit ist. Meistens gibt es bei den Mobbern eine Person, die der Chef ist, und zwei bis drei andere, die für sie oder ihn das Opfer angreifen. Sie erledigen sozusagen die Drecksarbeit.

Mobber mobben, weil ihnen langweilig ist, weil sie gerne andere quälen oder weil ihnen das Mobben hilft, ihre eigenen Ängste oder ihre Wut abzubauen.

Wer kann einem helfen, wenn man gemobbt wird?

Wenn die anderen in der Klasse nicht eingreifen, braucht es Erwachsene, um das Mobbing zu beenden.

In der Schule sind es die Lehrer, die eingreifen müssen, um allen Schülern zu ermöglichen, gewaltfrei zu lernen.

Außerhalb der Schule sollten die Eltern die ersten Ansprechpartner sein. Sie können ein Gespräch mit den Lehrern oder der Schulleitung führen. Auch andere Erwachsene wie Großeltern, Tanten oder die Eltern von Freunden können helfen, die Gedanken zu ordnen und nach Lösungen zu suchen.

Warum ist Mobbing so schlimm?

Wer gemobbt wird, hat jeden Tag Angst vor neuen Angriffen und steht ständig unter Stress. Das führt zu körperlichen Beschwerden wie Schlaflosigkeit, Kopfschmerzen oder Bauchschmerzen. Das Selbstvertrauen geht verloren, im schlimmsten Fall werden Mobbingopfer depressiv.
Wer als Kind gemobbt wird, hat auch als Erwachsener oft Schwierigkeiten, anderen Menschen zu vertrauen und gute Beziehungen zu anderen aufzubauen.

Was passiert in einer Klasse, in der gemobbt wird?

In einer solchen Klasse kann keine Gemeinschaft entstehen. Jede/Jeder muss ständig aufpassen, dass sie/er nicht ins Visier der Mobber gerät.
Deshalb gibt es nie eine entspannte Situation, von der alle etwas haben. Kaum jemand wird gerne in die Schule gehen und gerne lernen. Letzten Endes schadet das Mobbing also allen.

Wie kann man Mobbing beenden?

Mobbing kann beendet werden, wenn es von der Mehrheit der unbeteiligten Mitschüler nicht geduldet wird. Die sogenannten „Unbeteiligten" sind also sehr wohl beteiligt an einer Mobbingsituation! Sie müssen Stellung beziehen.
Wer gemobbt wird, sollte sich an die Neutralen in der Klasse wenden und um Unterstützung bitten. Wer Mobbing beobachtet, sollte sich auf die Seite des auserkorenen Opfers stellen und zeigen: Er/Sie gehört zu uns!
Lehrer können und müssen mit ihren Klassen klare Spielregeln vereinbaren und durchsetzen.

Mobbing im Zoo

Die Grundrechte

Artikel 1

(1) Die Würde des Menschen ist unantastbar. Sie zu achten und zu schützen ist Verpflichtung aller staatlichen Gewalt.
(2) Das Deutsche Volk bekennt sich darum zu unverletzlichen und unveräußerlichen Menschenrechten als Grundlage jeder menschlichen Gemeinschaft, des Friedens und der Gerechtigkeit in der Welt. (...)

Artikel 2

(1) Jeder hat das Recht auf die freie Entfaltung seiner Persönlichkeit, soweit er nicht die Rechte anderer verletzt und nicht gegen die verfassungsmäßige Ordnung oder das Sittengesetz verstößt.
(2) Jeder hat das Recht auf Leben und körperliche Unversehrtheit. Die Freiheit der Person ist unverletzlich. In diese Rechte darf nur auf Grund eines Gesetzes eingegriffen werden.

Artikel 3

(1) Alle Menschen sind vor dem Gesetz gleich.
(2) Männer und Frauen sind gleichberechtigt. Der Staat fördert die tatsächliche Durchsetzung der Gleichberechtigung von Frauen und Männern und wirkt auf die Beseitigung bestehender Nachteile hin.

(3) Niemand darf wegen seines Geschlechtes, seiner Abstammung, seiner Rasse, seiner Sprache, seiner Heimat und Herkunft, seines Glaubens, seiner religiösen oder politischen Anschauungen benachteiligt oder bevorzugt werden. Niemand darf wegen seiner Behinderung benachteiligt werden.

Artikel 4

(1) Die Freiheit des Glaubens, des Gewissens und die Freiheit des religiösen und weltanschaulichen Bekenntnisses sind unverletzlich.

(2) Die ungestörte Religionsausübung wird gewährleistet.

(...)

Ich werde gemobbt. Was tun?

Muss ich mich schämen, weil ich gemobbt werde?

Nein! Du hast keinen Grund, dich zu schämen. Du hast nichts getan, wofür du dich schämen müsstest!
Du siehst aus, wie du aussiehst, und du bist, wie du bist. Das ist erst einmal in Ordnung so. Kein Mobber hat das Recht, darüber zu urteilen und dich fertigzumachen. Und für dich gibt es keinen Grund, dich zu schämen und dich am liebsten unsichtbar zu machen.
Wenn dich jemand zu Recht kritisiert, weil du etwas falsch oder blöd gemacht hast, ist das kein Mobbing. Aber das fühlt sich ja auch ganz anders an.

Was kann ich in einer Mobbingsituation sofort tun?

Ruhe bewahren!
Lass dich nicht von den miesen Gefühlen, die aufkommen, beherrschen!
Denn: Du bist o.k. – an dir ist nichts falsch!
Du kannst dich selbst stärken! Dabei kann es helfen, wenn du dir selbst leise oder im Kopf ICH-Sätze sagst, die nur für dich gedacht sind:

– Ich bin o.k.
– Ich bin nicht anders als du.
– Ich bin nicht allein!
– Ich ducke mich nicht vor euch!
– Ich hole mir Hilfe!
– Ich bleibe cool und werde nicht wahnsinnig!
– Ich bin ich und keiner schafft es, mich fertigzumachen.

Du kannst dir auch Sätze vorsagen, was du über die anderen denkst:

- Alles heiße Luft!
- Ich schau dir in die Augen und finde doof, was du machst!
- Dein Problem sind deine Minderwertigkeitskomplexe.
- Du bist bloß neidisch!
- Du hast ja selber Angst!
- Große Klappe und nichts dahinter!
- Was machst du, wenn ich keine Angst mehr habe?

Was tun, wenn meine Freundin/mein Freund mich plötzlich mobbt?

Das ist eine Katastrophe, denn damit hast du nicht gerechnet! Und es fühlt sich furchtbar an.
Die Erklärung für diesen Seitenwechsel kann einfach sein: Mobber strahlen Stärke aus und alle Menschen möchten sich gern stark fühlen. Das kann auch deine Freundin oder deinen Freund anziehen. Oder sie/er hat Angst, selbst zum Opfer zu werden, und wendet sich deshalb in der Öffentlichkeit von dir ab.
Was kannst du tun? Aktiv werden! Sprich mit ihr/ihm und sage, wie sehr dich dieses Verhalten verletzt. Sag, dass du weiterhin möchtest, dass ihr befreundet seid, aber dass du auch möchtest, dass sie/er vor den anderen zu dir hält.
Wenn das nicht geht, solltest du die Freundschaft beenden. Das ist ein mutiger Schritt, der bestimmt sehr wehtut. Das Gute daran ist allerdings: Du hast selbst die Entscheidung getroffen und nicht abgewartet, bis es die/der andere tut.

Bin ich eine Petze, wenn ich Erwachsene informiere?

Nein! Wenn du Erwachsene über Mobbingfälle informierst,
holst du Hilfe. Das ist etwas anderes als petzen.
Petzen bedeutet, dass man jemanden anschwärzt. Wer petzt, möchte,
dass der andere einen Schaden davon hat.
Wenn du gemobbt wirst, willst du niemandem schaden. Sondern du
steckst in einer schlimmen Situation, aus der du allein nicht
herauskommst. Wenn du dann zu Lehrern, den Eltern oder anderen
Erwachsenen gehst, handelst du richtig! Du suchst dir Hilfe und das
ist das Klügste, was du in einer solchen Situation tun kannst.
Die Mobber und ihre Unterstützer werden und können das ruhig als
petzen bezeichnen. Das zeigt nur, wie sehr sie sich darüber ärgern.

Stimmt es, dass oft nur Erwachsene helfen können?

Ja! Mobbing ist ein fieser Vorgang, aus dem du alleine meist nicht
herauskommst: Du wirst angegriffen und fühlst dich schlecht, weil du
dich nicht wehren kannst. Kein Wunder: Du hast eine Gruppe gegen
dich, denn Mobber scharen ja immer Unterstützer um sich. Und viele
andere – zum Beispiel in der Klasse – tun so, als würden sie nichts
mitbekommen.
Auch deine Freundinnen oder Freunde sind den Mobbern oft nicht
gewachsen. Vielleicht lassen sie dich ja auch im Stich und du fühlst
dich ganz allein. Dann helfen nur noch Erwachsene, die von außen
eingreifen können: zum Beispiel Eltern, Lehrer, Sozialarbeiter. Denen
musst du dich anvertrauen und sie dringend um Hilfe bitten.
Wichtig: Wenn du in der Schule gemobbt wirst, muss das auch in der
Schule gelöst werden! Das ist keine Sache zwischen dir und ein, zwei
anderen Jugendlichen. Das ist ein Problem der Klasse oder Schule.

Kann ich mich vor Mobbing schützen?

Jein! Wer Lust hat zu mobben, der tut es auch. Allerdings kannst du auf dich achten und musst keine unnötigen Angriffsflächen bieten wie: schmutzige Fingernägel, ungepflegte Haare, Angeberei, wüster Mundgeruch, ordinäre Ausdrucksweise, Rumgezicke …

Der wichtigste Ratschlag: Akzeptier dich so, wie du bist! Mit all deinen Stärken und auch deinen Schwächen. Wer sich selbst mag und selbstbewusst ist, wird selten Ziel von Mobbing. Kümmere dich also um dein Selbstbewusstsein! Das fällt bekanntlich nicht vom Himmel – aber du kannst daran arbeiten! Also, egal was in deinem Leben gerade schiefläuft: Geh raus, such dir etwas, was du gerne machst, und such dir nette Leute. Die gibt es nämlich auch! Zum Beispiel beim Hobby, beim Sport, in Jugendgruppen … Du kannst auch Nachhilfe geben oder anderen Menschen bei irgendetwas helfen. Da kannst du zeigen, was in dir steckt! Du lernst etwas dazu und bist mit anderen zusammen, die dich bestätigen. Das macht selbstbewusst!

Was nützt ein Mobbingtagebuch?

Es hilft dir, den Überblick zu behalten und das Mobbing zu beweisen! Schreibe auf, wer wann was gemacht oder gesagt hat. Diese Liste kannst du dann Freunden, Eltern und Lehrern zeigen. Dann musst du nicht mehr lange darüber diskutieren, ob du dir was einbildest, ob es wirklich so schlimm ist oder ob XY das wirklich gesagt hat …

Mobbing- und Erfolgstagebuch

Ein Tagebuch hilft dir, deine Situation zu schildern.
Du musst es allerdings auch jemandem zeigen!

Wenn du dauernd gemobbt wirst, möchtest du jede Mobbingsituation am liebsten schnell vergessen und verdrängen. Das ist verständlich, aber falsch!
Im Gegenteil! Es ist sinnvoll, dass du darüber Tagebücher führst! Jawohl, zwei! Ein Mobbingtagebuch und ein Erfolgstagebuch.

Mobbingtagebuch

Es hilft dir, deine Situation klar zu sehen. Und es kann als Beweis dienen.

In dein Mobbingtagebuch gehören diese Angaben:

- Datum, Uhrzeit, Ort
- Was ist geschehen?
- Wer war beteiligt?
- Wie habe ich mich dabei gefühlt?

Ein Mobbingtagebuch hilft dir allerdings nicht, dich besser zu fühlen. Deshalb ist es wichtig, ein zweites Buch zu haben.

Erfolgstagebuch

In dein Erfolgstagebuch gehört jede – aber auch wirklich jede – Situation, in der du den Mobbern entgegengetreten bist. Also zum Beispiel, wenn du einmal gesagt hast: Lass mich in Ruhe! Oder wenn jemand anderer für dich eingetreten ist oder dir etwas Nettes gesagt hat.
Schreib das auf! Das ist wichtig, damit du es nicht vergisst. Es ist nämlich ein Erfolg. Auch wenn du deine Erfolge nur sehr klein findest – es sind Erfolge. Durch das Aufschreiben gibst du ihnen Bedeutung und wirst sie nicht so schnell vergessen. Das macht dir Mut!

(* 9. Juni 1982) ist eine österreichische Rock- und Popsängerin

SEITE EINS

Du bist ein Krieger, der nicht kämpfen mag
Doch der Kampf erwartet dich an jedem neuen Tag
Du versuchst aufrecht zu gehen
Doch sie kenn' dich zu gut
Und der Regen auf der Straße mischt sich mit deinem Blut
Du gehst diesen Weg
Keiner kann sehen, wie es dir geht
Du fragst dich so oft, wie weit musst du gehen, damit sie dich nicht länger übersehen

Refrain:
Was wenn du springst, was wenn dus tust
Was wenn du heute zu fliegen versuchst
Was wenn du springst
Und keine Träne mehr weinst
Heute der Letzte, morgen Seite eins

Was wenn du springst, was wenn dus tust
Was wenn du heute zu fliegen versuchst
Und keine Träne mehr weinst
Heute der Letzte, morgen Seite eins

Du bist ein Verlierer, haben sie dir erzählt
Du bist der, den man als Letzten in die Mannschaft wählt
Du versuchst aufrecht zu gehen, doch du schaffst es einfach nicht
Und der nächste harte Schlag trifft dein Gesicht
Du gehst diesen Weg
Keiner kann sehn, wie es dir geht
Du fragst dich so oft, wie weit musst du renn', damit sie dich endlich sehen könn'
(Refrain)

Es sind immer dieselben, die am Ende verliern
Dieselben, die austeilen, und die, die alles kassieren
Es sind immer die Gleichen, die vorne stehen
Um dich besser zu Boden gehen zu sehen
Was wenn du springst
Du würdest alles geben
Deine Hoffnung, dein Blut, deine Seele, dein Leben
Um nicht der zu sein, über den ihr gelacht habt
Sondern der, der es auf Seite eins geschafft hat
Was wenn du springst
Was wenn du springst
(Refrain)

Tust du es nicht,
Tust du es doch,
Lachen sie morgen dann trotz allem noch
Du wischst die Tränen aus deinem Gesicht
Den Krieger in dir besiegen sie nicht
Besiegen sie nicht
Besiegen sie nicht

HASSPLAKATE DER FUSSBALLFANS

Als Nationaltorhüter **Manuel Neuer** 2011 den FC Schalke verließ, waren viele Fans der „Königsblauen" verbittert. Denn: Neuer hatte seit frühen Kindestagen im Schalker Verein gespielt, war als Profi dann ein Held der Fans geworden. Dass er nun zum „stinkreichen" FC Bayern wechselte, löste heftige (negative) Emotionen bei manchen aus. Besonders schlimm für den Keeper selbst: Auch bei seinem neuen Club war er nicht bei allen willkommen …

Auch **Franck Ribéry** musste schon mit Beschimpfungen auf Fanplakaten leben. Auch bei ihm ging's um einen Wechsel, den ihm Anhänger verübelten. Als sich 2006 sein Abgang von Olympique Marseille Richtung Bayern andeutete, hielten Fans dieses Spruchband in Anspielung auf Ribérys Gesichtsnarbe hoch: „Ribéry: ein Narbengesicht? Nein, er hat gar kein Gesicht!"– Damit unterstellten sie ihm, nur hinter Geld her zu sein.

Schalkes **Jermaine Jones** ist wegen seiner harten Spielweise auch bei vielen nicht sonderlich beliebt. Aber zum „Hurensohn" wurde er 2007 für die Fans seines damaligen Clubs Eintracht Frankfurt, als er einen Vertrag bei Schalke 04 unterschrieben hatte.

Zusammen hält's besser

Hänseln, schubsen, ausgrenzen: Wenn sich viele gegen einen stellen, ist das Mobbing. Was eine Klasse dagegen tun kann.

Text: Frauke König, Fotos: Dominik Asbach

Diese Verknotung können die Schüler nur lösen, wenn sie zusammenarbeiten.

„Autsch, mein Arm!" – „Vorsicht, du quetschst mich ein!" – „Hilfe!" Diese Ausrufe schallen durch die Aula des Elly-Heuss-Knapp-Gymnasiums in Duisburg. Welcher Schüler der Klasse 6a sich worüber beschwert, kann man kaum herausfinden. Denn die 24 Kinder bilden ein riesiges Menschenknäuel. Zuerst standen sie nur im Kreis und hielten sich an den Händen, inzwischen sind sie aber komplett ineinander

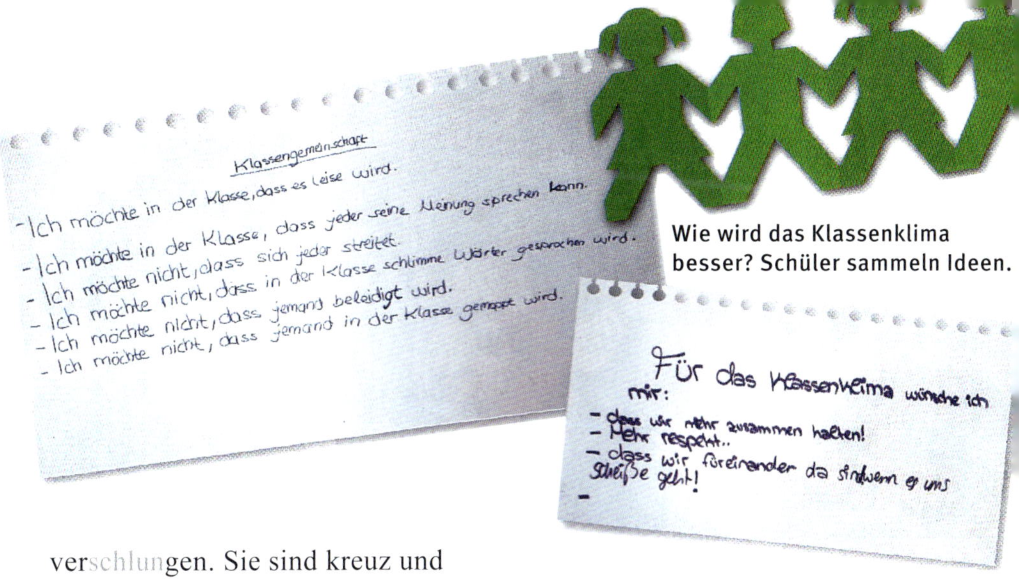

Wie wird das Klassenklima besser? Schüler sammeln Ideen.

verschlungen. Sie sind kreuz und quer unter den Armen ihrer Mitschüler hindurchgeschlüpft. Jetzt sollen sie versuchen, diesen Menschenknoten zu lösen, ohne sich dabei loszulassen.

Was die Schüler hier tun, ist kein Sportunterricht, sondern eine Übung. „Wir können uns nur entknoten, wenn wir alle zusammenarbeiten“, sagt Anusan. Er und die anderen Kinder lachen und kreischen, alle scheinen sich blendend zu verstehen. Warum machen sie dann Übungen, um besser zusammenzuhalten?

Weil sich nicht alle gut verstehen. Leider. Ein Schüler, Bugra, fühlt sich in der Klasse oft nicht wohl. „Die anderen ärgern mich. Sie sagen zum Beispiel ganz oft ‚Du bist doof‘“, erzählt der Zwölfjährige.
Bei Partnerarbeiten finden alle jemanden, mit dem sie Aufgaben erledigen können. „Nur mit mir will niemand zusammenarbeiten“, sagt Bugra. Und wenn er sich darüber beim Lehrer beschwert, sagen seine Mitschüler, er würde petzen. Er hat das Gefühl, dass alle gegen ihn sind und er immer ausgeschlossen wird.
Was Bugra beschreibt, nennen Fachleute Mobbing. Der Begriff kommt aus dem Englischen: to mob bedeutet jemanden beleidigen und über jemanden

herfallen. Von Mobbing spricht man, wenn jemand nicht nur einmal oder aus Versehen geärgert oder beleidigt wird, sondern wenn es immer wieder vorkommt. Es ist eine Art Dauerstreit, bei dem eine Gruppe von Kindern ein einzelnes Kind hänselt, wie Luft behandelt oder sogar schlägt. Fachleute schätzen, dass knapp fünf von hundert Schülern in Deutschland gemobbt werden.

Das Fiese an Mobbing ist, dass es oft gut versteckt passiert. Und wenn viele sagen, alles sei prima, ist es für den einen, der gemobbt wird, schwer, die Ungerechtigkeiten aufzudecken. Bugras Lehrer Christian Fremder hatte vermutet, dass sein Schüler sich in der Klasse nicht wohlfühlt. Um herauszufinden, ob es tatsächlich so ist und wie die Schüler selbst die Stimmung in der Klasse bewerten, hat er mit ihnen einen besonderen Test gemacht: den „KlassenCheckUp!". Forscher haben ihn entwickelt, damit Mobbing erkannt wird und man etwas dagegen unternehmen kann.

Jeder Schüler hat einen Fragebogen ausgefüllt: Wie gut ist die Klassengemeinschaft? Fühlst Du Dich in der Klasse unwohl? Gibt es Kinder, die ständig Streit suchen? Insgesamt 49 Fragen hat jeder beantwortet. Seinen Namen musste niemand verraten (...)
Und wie ist die Stimmung in der 6a? Die meisten Kinder finden sie in Ordnung. Vielen ist es in der Klasse allerdings oft zu laut, und Mädchen und Jungs arbeiten nicht gut zusammen. Vier Schüler haben aber auch zugegeben, dass sie sich in der Klasse eher unwohl fühlen, ein Kind hat aufgeschrieben, dass es sogar manchmal Angst hat, zur Schule zu gehen.
„Wovor kann dieser Schüler Angst haben?", fragt Lehrer Christian Fremder die Klasse. Im Gespräch wird den Schülern

Bei dieser Übung geht es um Vertrauen. Deshalb hat Anusan die Augen zu.

bewusst, dass bei ihnen gemobbt wird. Bugra ist erleichtert, dass nun alle gemeinsam darüber reden. „Erst war es unangenehm, aber jetzt bin ich froh, dass es raus ist", sagt er. „Die Leute, die mich geärgert haben, wissen nun, dass das falsch war, und machen das hoffentlich nicht mehr."

Denn nach dem Test geht es darum, etwas zu verändern. „Habt ihr Ideen, was wir tun können, damit sich alle wohlfühlen?", fragt Lehrer Christian Fremder. „Wir können die Klassenregeln auf ein Plakat schreiben", schlägt Anusan vor. Da sollte zum Beispiel draufstehen, dass jeder seine Meinung sagen darf und niemand ausgeschlossen wird. Und wer sich nicht daran hält, bekommt zwei Seiten Strafarbeit aufgebrummt. „Wir können alle mehr aufeinander achten und auch was sagen, wenn wir mitbekommen, dass etwas nicht stimmt", schlägt Silan vor.

Am Ende beschließen alle gemeinsam, mehr miteinander zu unternehmen. Wohin der erste gemeinsame Ausflug gehen soll, wissen sie schon: in den Hochseilgarten zum Klettern. Die Verknotungsübungen aus der Aula sind dafür bestimmt ein gutes Training.

Vielleicht empfinden deine Mitschüler die Stimmung in der Klasse ganz anders als du. Kopier diesen Fragebogen, verteil ihn an alle und vergleicht eure Ergebnisse: Haben alle eine ähnliche Punktzahl? Gibt es große Unterschiede? Sprecht darüber, was ihr ändern wollt!

Wie ist die Stimmung in deiner Klasse?

Lies dir die Sätze durch und kreuze an, ob du findest, dass sie stimmen oder nicht.

In meiner Klasse gibt es Kinder, die sich über Mitschüler lustig machen.

○ stimmt nicht (0 Punkte)
○ stimmt manchmal (1 Punkt)
○ stimmt (2 Punkte) ◯ Punkte

Ich finde in der Klasse schnell einen Partner, wenn wir im Unterricht mit jemandem zusammenarbeiten sollen.

○ stimmt nicht (0 Punkte)
○ stimmt manchmal (1 Punkt)
○ stimmt (2 Punkte) ◯ Punkte

In meiner Klasse werden einzelne Schüler nicht ausgeschlossen.

○ stimmt nicht (0 Punkte)
○ stimmt manchmal (1 Punkt)
○ stimmt (2 Punkte) ◯ Punkte

Bei mir in der Klasse gibt es eine Gruppe, die vorgibt, was man tun und sagen soll.

○ stimmt nicht (0 Punkte)
○ stimmt manchmal (1 Punkt)
○ stimmt (2 Punkte) ◯ Punkte

In meiner Klasse wird viel über andere gelästert.
- O stimmt nicht (0 Punkte)
- O stimmt manchmal (1 Punkt)
- O stimmt (2 Punkte) ◯ Punkte

Wenn der Unterricht beginnt, ist es ruhig und alle hören zu.
- O stimmt nicht (0 Punkte)
- O stimmt manchmal (1 Punkt)
- O stimmt (2 Punkte) ◯ Punkte

In meiner Klasse habe ich mehrere Freunde.
- O stimmt nicht (0 Punkte)
- O stimmt manchmal (1 Punkt)
- O stimmt (2 Punkte) ◯ Punkte

Wir Schüler halten uns an Regeln, wie wir miteinander umgehen sollen.
- O stimmt nicht (0 Punkte)
- O stimmt manchmal (1 Punkt)
- O stimmt (2 Punkte) ◯ Punkte

Ich habe manchmal Angst, zur Schule zu gehen.
- O stimmt nicht (0 Punkte)
- O stimmt manchmal (1 Punkt)
- O stimmt (2 Punkte) ◯ Punkte

Ich gehe gern zur Schule.
- O stimmt nicht (0 Punkte)
- O stimmt manchmal (1 Punkt)
- O stimmt (2 Punkte) ◯ Punkte

Rechne die Punkte zusammen und blättere um zur Auflösung auf Seite 118.

Test Test Test Test Test Test Test Test Test

Die schweigende Mehrheit

Florian attackiert Tom und stiftet die anderen immer wieder an, Tom zu ärgern. Er ist der Täter.
Joshua will Florians Freund sein, deshalb hört er auf Florian und macht alles, was Florian will. Er ist Florians Assistent.
Luis, Paul und Alexander freuen sich darüber, was Florian anstellt, und lachen Tom aus.

In Gruppen, in denen gemobbt wird, gibt es meist einen Täter, einige Assistenten und Verstärker, aber auch Verteidiger und Außenstehende.

Sie sind Verstärker, denn die anderen denken, sie wären immer auf Florians Seite.
Tom muss all das aushalten. Allein kann er sich nicht wehren, weil Florian es dann jedes Mal schafft, dass trotzdem alle über ihn lachen.
Tom hofft, dass nicht nur Anja als Verteidigerin, sondern auch Moritz und andere Kinder, die sich als Außenstehende bisher scheinbar rausgehalten haben, ihm helfen werden.

Zusammen wären die Kinder, die nicht auf Florians Seite stehen, die größere und stärkere Gruppe.

- Täter
- Assistenten
- Verstärker
- Verteidiger
- Außenstehende

GREGS TAGEBUCH[6]

Keine Panik!

Die Lehrer sagen immer, wenn man gepiesackt wird, soll man sich an einen Erwachsenen wenden. Ich halte das auch für eine gute Idee, aber als ich einmal voll schikaniert wurde, hat das nicht so gut funktioniert.

In unserem Viertel hat nämlich nicht weit von uns ein Junge gewohnt, den alle aus irgendeinem Grund „Siffheinz" nannten.

Jedes Mal, wenn ich mit meinem Freund Rupert bei Siffheinz am Haus vorbeikam, jagte er uns mit einem Knüppel.

Das war schon blöd, denn Rupert und ich nahmen auf unserem Schulweg eigentlich die Abkürzung durch den Wald. Aber genau da hing der Kerl rum. So taten wir alles, um Siffheinz nicht zu treffen.

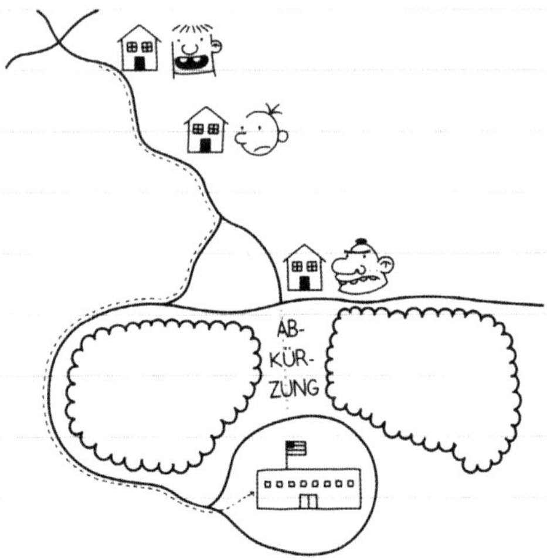

Wir hielten uns GENAU an das, was die Lehrer immer sagten, und beschwerten uns beim Konrektor. Doch der meinte nur, dass er nichts machen könne, weil Siffheinz gar nicht in unsere Schule geht.

Nachdem wir noch ein paarmal gejagt worden waren, hatte ich die Nase voll und erzählte Dad davon. Ich hatte zwar Schiss, dass Dad sagen würde, ich solle meinen Mut zusammennehmen und das Problem allein aus der Welt schaffen, doch er überraschte mich. Dad sagte, er hätte in meinem Alter auch Schwierigkeiten mit einem Schlägertyp gehabt, und darum wisse er genau, was ich gerade durchmache.

Dads Schlägertyp hieß wohl Billy Staples, und der drehte anderen Kindern immer den Arm auf den Rücken und drückte ihn dann hoch, bis sie vor Schmerz aufschrien.

Dad sagte, die Kinder hätten ihren Eltern damals alle von Billy erzählt, und die wären dann gemeinsam zu Billys Eltern gegangen, um sich bei denen zu beschweren. Mr Staples brachte Billy dazu, zu versprechen, nie wieder jemanden zu quälen, und Dad sagte, dass Billy geheult und wahrscheinlich sogar in die Hosen gemacht hat.

Na ja, als ich das gehört habe, fand ich ja nicht, dass Billy Staples auch nur annähernd so eine Dumpfbacke war wie unser Siffheinz. Aber ich sagte Dad, das sei eine gute Idee, sich bei den Eltern des Schlägers zu beschweren. Ich rief Rupert an, er soll zu uns kommen und gleich seinen Dad mitbringen, weil wir viel Stärke zeigen mussten.

Dad klopfte an die Tür von Siffheinz, und wir warteten, dass seine Eltern aufmachten.

Aber Siffheinz kam SELBST an die Tür, und Rupert und ich hauten da lieber schnell ab.

Vielleicht hätte ich Dad Siffheinz beschreiben sollen, denn es dauerte eine Weile, bis er kapierte, dass der Junge, der uns die Tür geöffnet hatte, derjenige war, der uns so viel Ärger machte.
Dad sprach mit Siffheinz' Mutter, und sie sagte, ihr Sohn sei erst fünf und manchmal eben ein wenig überdreht.

Auf dem Weg nach Hause war Dad ziemlich sauer auf mich, weil ich mir von einem Jungen Furcht einjagen ließ, der noch in den Kindergarten ging. Dazu möchte ich jedoch anmerken, dass man, wenn man von einem Kind mit einem Ast angegriffen wird, nicht stehen bleibt, um erst zu fragen, wie alt es ist.

Erste Hilfe bei Mobbing

Was kannst du tun, wenn du selbst Ziel von Mobbing bist?

1. Rede darüber!
Behalte das, was geschieht, nicht für dich. Rede mit deinen Eltern, deinem Lehrer/deiner Lehrerin oder Freunden darüber.

2. Sage deutlich, was du willst oder nicht willst!
Sage klar und deutlich „Stopp!" und mache klar, dass das unerwünschte Verhalten unterlassen werden soll.

3. Merke dir Zeugen!
Merke dir, wer die Vorfälle noch beobachtet hat.

4. Mache Sachen, die dir Spaß machen!
Mobbing bringt dich in Bedrängnis, macht dich lustlos oder gestresst. Sieh zu, dass du Dinge tun kannst, die dir Spaß machen und die du gerne tust.

5. Suche dir Unterstützung!
Suche dir Verbündete in deiner Klasse oder auch in anderen Klassen.

6. Suche dir Freunde!
Suche dir Freunde oder pflege deine bestehenden Freundschaften. Freunde sind wichtig, damit du dich wohl fühlen kannst und in Kontakt mit anderen bist. Es sind nicht ausnahmslos alle gegen dich!

Was kannst du tun, wenn du Mobbing beobachtest?

1. Informiere andere!

Auch wenn du Mobbing bei anderen beobachtest, solltest du dies unbedingt deinen Eltern oder dem Lehrer/der Lehrerin sagen.

2. Sprich andere an!

Sprich andere Schülerinnen und Schüler auf das Problem an. Du bist deshalb keine „Petze", denn wenn niemand etwas sagt, ändert sich nichts.

3. Sage deutlich, was du denkst!

Sage klar und deutlich, wie du Mobbing findest und dass das unerwünschte Verhalten unterlassen werden soll.

4. Merke dir Zeugen!

Merke dir, wer die Vorfälle noch beobachtet hat.

Mobbing im Zoo

Kick Mobbing!

Die vierfache Kickbox-Weltmeisterin Julia Irmen sagt laut und deutlich: „Kick Mobbing!" Julia wurde selbst gemobbt und weiß, wie sich das anfühlt.
Heute trainiert sie immer mal wieder mit Grundschulkindern Anti-Mobbing-Strategien.
Julia Irmen ist vierfache Weltmeisterin im Profi-Kickboxen und engagiert sich gegen Mobbing. Hier kannst du mehr über sie und ihren Werdegang erfahren.

- **Wo sind Sie zur Schule gegangen, woran erinnern Sie sich gerne, woran nicht so gerne?**

Ich bin auf die Hauptschule in Dingolfing gegangen und habe dort die mittlere Reife absolviert. Im Nachhinein erinnert man sich immer gerne an die Schulzeit zurück, diese Art von großer Gemeinschaft verläuft sich leider im Berufsalltag etwas.

■ Wie sind Sie zum Sport gekommen – und war es immer Kickboxen?

Ich war recht wild als Kind, würde ich mal sagen, daher hat mich meine Mama schon recht früh zum Sport geschickt. Meine Leidenschaft war damals das Volleyballspielen. Fast 8 Jahre habe ich das aktiv betrieben, bis mich eine Schulterverletzung zum Aufgeben zwang. Bei einem Tag der offenen Tür habe ich dann beim Kickboxen reingeschnuppert und war sofort begeistert.

■ Sie werden als Julia „The Cop“ Irmen vermarktet – was steckt dahinter?

Von Beruf bin ich eigentlich Polizeivollzugsdienstbeamte bei der Bundespolizei, daher lag mein Kampfname nahe: Julia Irmen – The Cop

■ Arbeiten Sie als erfolgreiche Sportlerin noch in Ihrem Beruf?

Ich habe fast 10 Jahre hauptberuflich als Polizistin gearbeitet und nebenher in der Nationalmannschaft trainiert, seit ich jedoch Profisportlerin bin, bin ich vom Beruf freigestellt.

■ Wie häufig trainieren Sie, was trainiert man beim Kickboxen?

Ich trainiere mittlerweile 6 Tage die Woche zweimal täglich. Neben dem spezifischen Training fließen viele Lauf- und Krafttrainingseinheiten mit ein.

■ Wem würden Sie diesen Sport empfehlen?

Quasi jedem, egal ob dick, dünn, alt, jung ... Man muss nur für sich selbst herausfinden, ob man sich für den Sport begeistern kann, denn nur dann bleibt man auch dabei.

■ Was ist Ihr Traum – sportlich und privat?

Meine privaten Träume habe ich mir mit Mann, Haus und meinem kleinen Sohnemann bereits erfüllt, sportlich gesehen gibt es immer Ziele und somit auch Träume.

Haben Sie ein Rezept für Erfolg?

Harte Arbeit, ich habe mir all meine Wünsche und Träume hart erarbeitet, aber genau das ist der Grund, warum ich sie auch in vollen Zügen genießen kann.

Was fasziniert Sie am Kickboxen?

Kickboxen ist für mich so faszinierend, weil es ein so umfangreicher Sport ist. Du musst von allem etwas haben. Es verbindet Kraft, Ausdauer und Schnelligkeit. Ich brauche nicht viele Trainingsgeräte und kann drinnen wie draußen trainieren. Obwohl ich diesen Sport mittlerweile 12 Jahre betreibe, lerne ich nicht aus.

Ist Kickboxen ein aggressiver Sport?

Absolut nicht! Obwohl Kampfsport immer ein Einzelsport ist, ist es ganz besonders wichtig, gute Trainingspartner zu haben. Wo eine „Partnerschaft" ist, hat Aggression nichts zu suchen. Es ist eher andersrum, viele Eltern wenden sich mit aggressiven Jugendlichen an uns. Sie bekommen durch das Training ein Ventil, können sich z.B. am Sandsack auslassen.

■ Warum engagieren Sie sich gegen Mobbing?

Mobbing ist leider ein allgegenwärtiges Thema. Egal ob in der Schule, im Verein oder im Berufsleben. Fast jeder hat schon mal in einer solchen Situation gesteckt und weiß, wie allein man sich da fühlt. Diese Einsamkeit kann viel anrichten und das muss nicht sein, wenn man früh einschreiten kann bzw. lernt, wie man mit solchen Situationen umgeht.

■ Was möchten Sie Mobbingopfern, Zuschauern und Mobbern mit auf den Weg geben?

Wichtig für das Mobbingopfer ist, du bist nicht allein! Auch wenn man sich so fühlt, es gibt genug Menschen (Eltern, Lehrer usw.), die helfen wollen und können.
Aber ihr müsst den Kontakt suchen. Zuschauer?
Warum Zuschauer? Das Phänomen bleibt mir bis heute verschlossen. Stellt euch vor, ihr wärt diese Person – werdet bitte endlich vom Zuschauer zum Einschreiter,
das muss nicht immer gleich körperliches Einschreiten sein.
Aber in der Zeit der Smartphones wäre es eigentlich einfach, Hilfe zu holen. Tja und Mobber? Gäbe es mehr Einschreiter, gäbe es auch weniger Mobber!!!

Troubadix wird ausgegrenzt ...

Selbstverpflichtung gegen Mobbing

Erklärung für Schülerinnen und Schüler

Ich setze mich für ein gewaltfreies Zusammenleben in unserer Schule ein.

Wenn ich bemerke oder erfahre, dass jemand aus unserer Schule beleidigt, angegriffen oder in anderer Weise in seiner bzw. ihrer Ehre verletzt wird, helfe ich.
Das gilt sowohl für direkte Mobbingangriffe als auch für Cybermobbing per Handy und Internet.

Ich werde mich mit anderen zusammentun und mich aktiv daran beteiligen, dass Mobbing gemeldet und geächtet wird.

____

Name der Schule, Klasse, Datum

____________________	____________________
Unterschrift: Schüler/in	Unterschrift: Lehrer/Lehrerin oder Schulleiter/in

ANTI-MOBBING-SPRÜCHE

Clever kontern, wenn's drauf ankommt

von Annelotte Cobler

Wenn ein Kind von einem anderen gemobbt wird, kann die unmittelbare Reaktion des Gemobbten von einiger Bedeutung sein. Sie nimmt dem Mobbenden im Idealfall den Wind aus den Segeln, da ihn die Entgegnung so verblüfft, dass ihm nichts mehr einfällt. Prima ist es, wenn man ein paar schlagfertige und clevere Anti-Mobbing-Sprüche kennt und den Mobber mit seinen eigenen Waffen schlägt. Natürlich sind Kinder in der Situation des Gemobbt-Werdens nervös und fühlen sich unwohl und in die Ecke gedrängt. Dieses Gefühl verstärkt sich, wenn der Mobber – wie in den meisten Fällen – in Gegenwart seiner Anhänger auftritt. Das Gefühl, nicht unvorbereitet in die Situation zu geraten, kann dazu beitragen, dass ein Kind sich gegenüber den Schikanen des Mobbers besser behaupten kann.

Mobbern gekonnt Paroli bieten

Die Gründe, warum Kinder einander mobben, können ganz verschieden sein. Meistens picken sich Mobber eine vermeintliche Schwachstelle ihres Gegenübers heraus und reiten auf ihr herum. Dann ist es gut, wenn man einen cleveren Anti-Mobbing-Spruch parat hat, der den Mobber verwirrt und aus dem Konzept bringt. Man sollte es mit einer Entgegnung jedoch nicht dem Mobber gleichtun und sich unter die Gürtellinie begeben. Nüchternheit und Ehrlichkeit können viel mehr bewirken als ein patziges „Selber!“.

10 Anti-Mobbing-Sprüche für verschiedene Situationen

Mobber: „Du bist zu dick!“
Entgegnung: „Dann habe ich eben ein paar Gramm zu viel, na und? Das verwächst sich, wenn ich größer werde.“

Mobber: „Du hast Pickel im Gesicht!“
Entgegnung: „Die sind ganz normal, wenn man erwachsen wird. Die machen mir gar nichts aus, da ich genau weiß, dass sie wieder weggehen.“

Mobber: „Du bist ein Streber!“
Entgegnung: „Ich bin stolz auf meine guten Noten. Warum sollte ich mich dafür schämen? Ich kann mich dieses Jahr auf mein Zeugnis freuen!“

Mobber: „Du siehst hässlich aus!“
Entgegnung: „Ob du das findest, ist mir total egal. Ich finde mich hübsch, so wie ich bin. Du beleidigst mich nur, weil du unzufrieden bist und deswegen andere ärgerst.“

Mobber: „Du hast eine blöde Frisur/ Du trägst blöde Klamotten!“
Entgegnung: „Deine Frisur/Deine Kleidung gefällt mir auch nicht unbedingt. Deswegen ärgere ich dich aber nicht. Geschmäcker sind eben verschieden.“

Mobber: „Na, du Brillenschlange!“
Entgegnung: „Mit meiner Brille kann ich alles ganz scharf sehen. Und ich sehe, dass du ganz schön auf dem Holzweg bist, wenn du meinst, mich damit ärgern zu können.“

Mobber: „Deine Zahnspange sieht so blöd aus!“
Entgegnung: „Meine Zahnspange macht, dass ich ganz gerade Zähne bekomme. Viele Kinder haben eine Zahnspange – da ist nichts Blödes oder Peinliches dran.“

Mobber: „Du hast eine Behinderung!“
Entgegnung: „Ich bin eben etwas ganz Besonderes. Es wäre ja auch langweilig, wenn alle Kinder gleich wären. Ich fühle mich wohl, so wie ich bin.“

Mobber: „Du bist ja doof, du weißt gar nichts!“
Entgegnung: „Ich lerne jeden Tag dazu – deswegen gehen wir ja auch zur Schule. Man muss nicht immer alles wissen.“

Mobber: „Deine Haut sieht blöd aus: Du bist viel zu blass/zu dunkel!“
Entgegnung: „Mir gefällt meine Haut so, wie sie ist. Man muss ja nicht das ganze Jahr über braun sein. Mir reicht es im Sommer.“ / „Meine Haut ist super, so wie sie ist. Menschen haben eben verschiedene Hautfarben und keine ist besser oder schlechter als eine andere.“

Ich werde im Netz gemobbt

Beratungsstelle

Nummer gegen Kummer

Nummer gegen Kummer e. V. unterhält in Deutschland zwei anonyme telefonische Beratungsangebote: das Kinder- und Jugendtelefon und das Elterntelefon.

Kinder- und Jugendtelefon

116111

NummergegenKummer

freecall
unterstützt durch die Deutsche Telekom

anonym und kostenlos erreichbar:
montags bis samstags 14 – 20 Uhr

weiterhin bundesweit erreichbar über deutsches Festnetz und Handy
unter: 0800 – 111 0 333

Jugendliche beraten Jugendliche (samstags 14 – 20 Uhr)

em@il-Beratung
www.nummergegenkummer.de

Elterntelefon

0800 1110550

NummergegenKummer

freecall
unterstützt durch die Deutsche Telekom

anonym und kostenlos erreichbar:

über das deutsche Festnetz und Handy

montags bis freitags
9 – 11 Uhr und

dienstags und donnerstags
17 – 19 Uhr

Die Auflösung zum Test von Seite 92/93

Alles super

0–6 Punkte

Du findest, dass deine Klasse eine tolle Gemeinschaft ist. Schon mal gut! Wenn das auch bei den Fragebögen deiner Mitschüler herausgekommen ist, super! Klopft euch auf die Schulter und macht weiter so.

Geht noch besser

7–13 Punkte

Du findest die Stimmung in deiner Klasse ganz in Ordnung. Manchmal seid ihr als Klasse ein richtig gutes Team. Aber es gibt auch Sachen, die noch nicht so gut klappen.
Schreib auf, wann du findest, dass deine Klasse gut zusammenhält, und welche Dinge du gern verbessern würdest. Erzähl das deinen Mitschülern und deinem Lehrer und sammelt Ideen, wie ihr die Stimmung verbessern könnt. Vielleicht macht ihr gemeinsam einen Ausflug. Oder ihr tauscht mal eure Sitzplätze oder was euch sonst noch einfällt.

Hier brennt's

14–20 Punkte

Du findest die Stimmung in deiner Klasse nicht so gut, vielleicht sogar manchmal richtig schlimm. Aber dagegen kannst du etwas tun – gemeinsam mit deinen Mitschülern.
Frag sie doch mal, ob sie sich in der Klasse wohlfühlen oder ob es etwas gibt, was ihnen auch nicht so gut gefällt. Überlegt gemeinsam, was ihr gern ändern würdet und wie ihr das schaffen könnt. Notiert eure Ideen und sprecht darüber mit eurem Lehrer. Ein Tipp: Ändert nicht alles auf einmal, sondern probiert eins nach dem anderen.

Troubadix darf mitmachen!

Textquellenverzeichnis

S. 72–74	Mobbing ist nicht dein Schicksal © Mobbing – Schluss damit! sowieso Pressebüro Berlin GbR.
S. 76–77	Auszug aus den Grundrechten © Ausdruck aus dem Internet-Angebot des Deutschen Bundestag
S. 78–81	Ich werde gemobbt. Was tun? © Mobbing – Schluss damit! sowieso Pressebüro Berlin GbR.
S. 82–83	Mobbing und Erfolgstagebuch © Mobbing – Schluss damit! sowieso Pressebüro Berlin GbR.
S. 84–85	Songtext von Christina Stürmer © VG Musik
S. 86–87	Hassplakate der Fussballfans © Bauer Media Group, Hamburg
S. 88–91	Zusammen hält's besser © Zeit Leo / Zeitverlag Gerd Bucerius GmbH / Frauke König
S. 94–95	Die schweigende Mehrheit © Carlsen Verlag / Illustration-Dorothea Tust
S. 96–102	Jeff Kinney (2014) Gregs Tagebuch 6 © 2011 Bastei Lübbe AG, Köln Die Originalausgabe erschien 2011 unter dem Titel „Diary of Wimpy Kid – Cabin Fever" bei Amulet Books, einem Imprint von Harry N. Abrams, Inc., New York DIARY OF WIMPY KID ®, WIMPY KID TM And the Greg Heffley design TM are trademark of Wimpy Kid, Inc.
S. 103–104	Erste Hilfe bei Mobbing © Schluss damit! sowieso Pressebüro Berlin GbR.
S. 106–110	Kick Mobbing © Schluss damit! sowieso Pressebüro Berlin GbR.
S. 112	Selbstverpflichtung gegen Mobbing © Schluss damit! sowieso Pressebüro Berlin GbR.
S. 113–115	Anti-Mobbing-Sprüche © Epoch Times Europe
S. 117	Nummer gegen Kummer © Die Nummer gegen Kummer e.V.

Bildquellenverzeichnis

S. 69	Cartoon © Miguel Fernandez, Bulls Pressedienst GmbH
S. 75	Mobbing im Zoo / Maulwurf © Josephine Mark / puvo productions
S. 84	Christina Stürmer © Teutopress / Süddeutsche Zeitung
S. 86–87	Hassplakate © 02898297(imago/Alfred Harder); 08618381(imago/Sven Simon); 02228485(imago/PanoramiC)
S. 88/91	Mobbing Programm Marxloh © Dominik Asbach
S. 105	Mobbing im Zoo / Gans / Dachs © Josephine Mark / puvo productions
S. 106	Julia Irmen © m.Wilfing@mac.com
S. 108–109	Julia Irmen © Alexander Gorodnyi
S. 111	aus: Asterix als Gladiator (Bild 5, S. 48) ASTERIX®- OBELIX®- IDEFIX® / © 2019 LES EDITIONS ALBERT RENE / GOSCINNY - UDERZO
S. 114	Mädchen © valiza14 – Fotolia.com
S. 116	Mobbing © Andreas Prüstel/toonpool.com
S. 117	Logo Kinder- und Jugendtelefon © Nummer gegen Kummer e.V.
S. 119	aus: Asterix und Maestria (Bild 5, S. 48) ASTERIX®- OBELIX®- IDEFIX® / © 2019 LES EDITIONS ALBERT RENE / GOSCINNY - UDERZO

Lesetraining

Du kannst deine Lesetechnik durch regelmäßiges Training verbessern. Damit lernst du flüssig und gut zu lesen. Außerdem verstehst du besser, was du liest. Dazu trainierst du deine Augen mit den folgenden Übungen. Du übst dabei, deine Augen sicher über den Text zu bewegen, Buchstaben, Wörter und Sätze schnell zu erkennen und den Inhalt des Textes richtig zu verstehen. Wiederhole jede Übung mehrmals.
Viel Spaß dabei!

1. **Um die Sätze flüssig lesen zu können, musst du mit den Augen schnell hin- und herspringen. Wiederhole die Übung mehrmals und lies laut.**

Keiner hätte gedacht, dass die Sache mit Benni so ausgehen würde.

Wirklich ______ keiner.
Franziska ______ nicht.
Die Lehrer ______ nicht.
Ich ______ sowieso nicht.
Und Benni ______ auch nicht.

In unserer alten Schule waren Emre und ich immer die Mistbauer gewesen.

Die Rollen waren ______ wie überall klar verteilt.
Es gab die ______ guten Schüler.
Es gab ______ die Klassensprechertypen.
Es gab die ______ Witzbolde.
Es gab ______ die Sportler.
Es gab die Heulsusen ______ und eben die, die an allem schuld sind.

(aus Kapitel 1, S. 7/8)

2. Folge mit den Augen der Schrift. Lies den Text mehrmals laut.

In den ersten Tagen war Franzi vor allem zu den Mädchen sehr nett.
Aber auch lustig zu den Jungs.

Um mich und Emre schien sie einen Bogen zu machen
und Benni ließ sie auch in Ruhe.

Wir hatten alle den Kopf voll mit neuen Schulregeln,
neuen Lehrerinnen und ein paar strengen Lehrern.

(aus Kapitel 2, S. 12)

3. Hier ist der untere Teil der Schrift abgeschnitten. Lies den Text zuerst leise und danach mehrmals laut.

Franzi grinste. Aber dann wurde sie plötzlich ernst. „Emre
geht in meine Klasse. Und wenn ihr ein Problem mit ihm
habt, dann wendet euch einfach an mich. Ich regle das.“
Sie sagte das so überzeugend, dass die Siebtklässler mit
einer wegwerfenden Handbewegung davongingen.
Ich war echt baff. In der Grundschule hatte Franzi Emre und
mich noch gehasst und gejagt. Sie hatte mich reingeritten
mit ihrem Tafelbild. Und sie hatte mich mit Absicht
hängenlassen. Und auf einmal sollten wir dazugehören?
Zu ihrem Club?

(aus Kapitel 3, S. 16)

4. **In dem Buchstabenrätsel haben sich 10 Namen von Figuren aus dem Buch versteckt. Finde sie und markiere sie mit einem Holzfarbstift. Tipp: Es sind auch Abkürzungen dabei.**

A	R	I	A	N	A	R	Z	E	M	R	E	H	J	I	O
D	F	B	E	N	N	I	A	R	U	F	U	Y	I	L	K
Q	F	E	U	R	T	P	W	T	M	R	O	X	D	P	W
A	R	D	H	E	Z	Z	A	C	H	A	R	I	A	S	Q
S	E	F	T	W	U	A	D	W	G	N	V	B	N	Z	A
D	D	G	G	Q	I	C	N	M	H	Z	F	L	O	R	E
F	D	H	L	P	O	K	T	I	P	I	R	Y	N	M	L
G	Y	J	F	R	A	N	Z	I	S	K	A	P	L	Z	X

waagerecht: Ariana, Emre, Benni, Zacharias, Lore, Franziska
senkrecht: Freddy, Zack, Franzi, Ida

5. **Hier musst du die Wortgrenzen erkennen, um den Text flüssig lesen zu können. Versuche es halblaut zu lesen. Tipp: Wenn es dir schwerfällt, markiere die Wortgrenzen mit Bleistift.**

„SchönesLesenschönerTextemitschönerBetonung“,sagteder Schwafel-Müller.Alsobetontenwir,sprachenbesondersschönund versuchtenflüssigzulesen.Jedersolltenachvornekommenund vorlesen.UndzwareinenTextvondiesemKurtSchwitters. „AnAnnaBlume“heißtdasGedicht.Esistganzlustig,weilderimmer „Ichliebedir“statt„Ichliebedich“sagt.

(aus Kapitel 4, S. 19/20)

6. Lies den Text. Die Lücken musst du mit den Wörtern rechts füllen.

Aber auf einmal wurde es ________ in diesem Kreis.	still
Und ich hörte Franzi ________ sagen:	todernst
„Benni ________ die Lehrer auf uns hetzen!	will
Das können wir uns von so einem nicht ________ lassen.	bieten
Ab jetzt kann ________ echt was erleben.“	Benni
Eiskalt klang ________ Stimme.	ihre
Und ich war froh, dass Benni das nicht ________ konnte.	hören
Es klang ________ gefährlich.	wirklich
Für einen Augenblick ________ alle still.	waren
Niemand sagte ________ gegen Franzi.	etwas
Im Gegenteil, schon bald wurden die ________ Vorschläge diskutiert.	ersten
Benni ________ leiden.	sollte

(aus Kapitel 5, S 25)

7. Hier sind Teile einzelner Wörter ausradiert. Lies den Text zuerst leise und danach mehrmals laut.

Der Sportlehrer sah selbst etwas unsicher in die Runde. Da rastete Benni plötzlich aus. Er rannte zu Franzi hinüber und brüllte sie an: „Hör endlich auf mit der Scheiße! Und rück meine Sportsachen raus!“ Franzi saß nur da. Dann wedelte sie sich mit der Hand vor der Nase herum und sagte: „Mann, Benni, du hast übelsten Mundgeruch!“

Und als die Ersten murrten, dass sie jetzt aber Basketball spielen wollten, begann der Lehrer einfach mit seinem Unterricht.

(aus Kapitel 6, S. 29)

8. **Satz-Wirrwarr: Lies jeden Satz mehrmals laut. Folge mit den Augen genau der Satzrichtung.**

Aber da platzte Emre wieder mal der Kragen.
Er stand auf und rief: „Nein! Wir klären das jetzt. Ein für alle Mal.“

„Setz dich hin, Emre!“, fuhr die Erdkundetante ihn an.

„Ich denk nicht dran! Ich will jetzt sofort über Franzi und die Sache mit Benni reden.“

Ich stand auch auf. Und Lore auch.

Und dann noch zwei Mädchen und Ruben, von dem ich das echt nicht gedacht hätte.

Benni sah vor sich auf den Tisch. Er hatte ein knallrotes Gesicht.

Die Erdkundetante fing an zu schimpfen, wir sollten uns setzen,

sonst würde sie den Schulleiter holen.

„Prima Idee!“, rief ich. „Genau den brauchen wir.

Und zwar am besten sofort.“

(aus Kapitel 13, S. 57)

Buch+
Highway to Hamburg (Band 1)
Jochen Till
Illustriert von Achim Schulte
Texte zu den Themen Musik, Freundschaft und mehr
Hrsg. von Ulrike Schuldes

128 Seiten
vierfarbig
Bestellnummer 540-20 ISBN 978-3-619-05420-6
Mildenberger Verlag
www.mildenberger-verlag.de